Klaus Huhn

# Raubzug Ost

## Wie die Treuhand die DDR plünderte

**edition ost**

## Das Buch

*Zu den finstersten Kapitel der jüngeren deutschen Geschichte gehört das Wirken der Treuhandanstalt. Allerdings trifft hier keineswegs zu, was deutsche Historiker inzwischen über den 9. November 1989 sagen: Dieses Thema sei »überforscht«. Warum die gelegentliche Beschäftigung mit der Treuhand und ihrer Nachfolgeorganisation allenfalls oberflächlich und meist ohne Konsequenzen blieb, liegt auf der Hand: Es handelte sich um einen staatlich sanktionierten Raubzug, der sowohl ideologisch wie auch kapitalistisch motiviert war. Es ging um die Wiederherstellung der früheren Eigentumsverhältnisse im Osten Deutschlands, um die Rückkehr zur alten antikommunistischen Geschäftsordnung. Klaus Huhn ruft einige gravierende Beispiele in Erinnerung, über die die herrschende Klasse gern Gras wachsen lassen möchte. Insbesondere in jenem Jahr, in dem man sich jubelnd dem 60. Jahrestag der Bundesrepublik und dem 20. Jahrestag des »Falls der Mauer« hinzugeben wünscht und, vor allem, sich an den Wahlurnen demokratisch legitimieren möchte.*

## Der Autor

*Klaus Huhn, Jahrgang 1928, Berliner, seit 1945 publizistisch tätig. Er gehörte zur Gründergeneration der Tageszeitung* Neues Deutschland *und war bis 1990 dort tätig, die meiste Zeit als deren Sportchef. Bis 1993 war er Vizepräsident des europäischen Sportjournalistenverbandes. Klaus Huhn gehörte zu den namhaftesten und umtriebigsten Sportjournalisten der DDR; so war er beispielsweise Mitorganisator und Begleiter der alljährlich im Mai stattfindenden Internationalen Friedensfahrt, des größten Amateurradrennens der Welt. Nach seinem Ausscheiden aus dem* ND *gründete Huhn den spotless-Verlag und den spotless-Buchclub, die sich beide seit nunmehr fast zwei Jahrzehnten erfolgreich am Markt behaupten. Inzwischen erschienen weit über 200 Bücher bei spotless, darunter nicht wenige von Huhn selbst.*

# Inhalt

*Der »Aufbau Ost« bedeutete
eine entschiedene Stabilisierung West.*

Edgar Most,
bis 2004 im Vorstand der Deutschen Bank

# Einführendes ABC

Am Anfang der meisten Publikationen über die Treuhandanstalt stehen vornehmlich irreführende Behauptungen. Zu den wenigen glaubwürdigen Wahrheiten zählen die – eher nebenbei geäußerten – Bekenntnisse zweier Treuhandchefs.

*Detlev Karsten Rohwedder:* »Es war die Politik der Treuhandanstalt, die Millionen Ostdeutsche ihren Arbeitsplatz kostete, die wohlmeinende westdeutsche Investoren verschreckte, die ganze Regionen in den neuen Bundesländern entindustrialisierte, die Glücksritter bereicherte und den deutschen Steuerzahler noch lange Zeit viel Geld kosten wird.«

*Birgit Breuel:* »Eine solche Abwicklung hat es weltweit überhaupt noch nicht gegeben!«

Diese Geständnisse an den Beginn zu stellen, ist vonnöten, da dem zwanzigsten Jahrestag der »Wiedervereinigung« eine Lawine von Publikationen gewidmet ist, die den »Untergang« der DDR in dramatischen Facetten schildert, dabei aber die dramatischste, nämlich den weltweit beispiellosen Treuhandskandal, geflissentlich ignoriert.

Beim Fackelträger-Verlag in München erschien 2007 die »Geschichte des organisierten Verbrechens«, geschrieben vom britischen Erfolgsautor David Southwell, der zu diesem Thema konstatierte: »Im Laufe der Geschichte wurden unzählige Banden von Piraten, Banditen, Sklaven- und Drogenhändlern direkt vom Staat finanziert. Verloren sie dessen Zustimmung und Schutz, begannen sie sich die Unterstützung für ihre Machenschaften durch Bestechung zu sichern. Dadurch entstand eine Vernetzung von politischem Einfluss und Verbrechen, die im Laufe der Geschichte zu einem der charakteristischsten Merkmale des organisierten Verbrechens wurde. […] Der Chicagoer Gangsterboss Al Capone betonte gern, dass er auch nicht anders sei als andere Geschäftsleute. ›Ich bediene eine Nachfrage‹, sagte er und verkündete: ›Der Kapitalismus ist die legale Gaunerei der Oberklasse.‹«

Das bedeutet, das Thema Treuhandanstalt der internationalen Geschichte des organisierten Verbrechens zuzuordnen!

Chef der Treuhand war vorübergehend der später ermordete Detlev Karsten Rohwedder. Dem hatte der im Bundesfinanzministerium für die Treuhand zuständige Staatssekretär Horst Köhler (seit 2004 Bundespräsident) am 9. Oktober 1990 vorsorglich mitgeteilt, dass die Bundesregierung jegliche – und damit auch die juristische – Verantwortung für alle Handlungen der Treuhand übernähme. Das war ein Schritt, der ahnen ließ, wie die Treuhandtätigkeit ausgeübt werden sollte. In einem internen Vermerk des Bundesministeriums vom 23. Oktober hieß es: »Mit Sts Köhlers Schreiben vom 9. Oktober […] hat BMF (*Bundesministerium für Finanzen – K. H.*) […] de facto eine Bürgschaft für alle finanziellen Verpflichtungen der Treuhandanstalt übernommen. Ferner sind Verwaltungsrat und Treuhand auf ihre dringende Bitte hin bis zum 30. Juni 1991 von der Haftung für grobe Fahrlässigkeit freigestellt worden.«

Als »grobe Fahrlässigkeit« getarnter Betrug blieb also auf allerhöchste Weisung straffrei. Und so wurden die 13.643 Unternehmen, die Eigentum der Bevölkerung der DDR waren, verhökert, verscherbelt, verschenkt, ruiniert. Gewissenhafte

*In der DDR Haus der Ministerien, dann Sitz der Treuhandanstalt und »Berlins größtes Bürohaus«, 26. März 1991. Kosten der Modernisierung: eine Viertelmilliarde D-Mark. Heute sitzt dort das Bundesfinanzministerium*

*Horst Köhler, Staatssekretär im*
*Bundesfinanzministerium,*
*zuständig für die Treuhand*

Staatsanwälte, die die damit verbundenen Ungesetzlichkeiten hätten verfolgen sollen, hätten selbst in Kompaniestärke ein Leben lang zu tun gehabt, die Straftaten zu Papier zu bringen.

Dazu kam es nie, weil ja – wie Frau Breuel gestand – die »größte Abwicklung« in Auftrag gegeben worden war. Und zwar von der Bundesregierung, die dazu die Treuhand installierte und die Konzernbosse zur Treibjagd einlud.

Und jeder, der zu bedenken gab, ob solcher Umgang mit den anderen Deutschen moralisch vertretbar sei, berief sich darauf, dass die doch ohnehin »zahlungsunfähig« waren. Wer aber in dieser Gesellschaft »zahlungsunfähig« ist, ist Freiwild.

Wenigstens fanden sich im Bundestag Abgeordnete, die den Skandal so nicht akzeptieren wollten. So wurden in zwei Legislaturperioden »Untersuchungsausschüsse« gebildet, die wenigstens zum Schein einige Gaunereien nach demokratischen Ritualen aufklären sollten.

Sie hinterließen einige Tausend Blatt Papier, numeriert und katalogisiert.

*Der Treuhandausschuss stellte fest, dass bis zum 5. Juli 1994*
*204 Millionen DM Honorare für 132 Liquidatoren,*
*die nur für die Zentrale tätig waren, gezahlt wurden.*
*Aber allein zehn dieser Glücksritter teilten sich*
*mit 122 Millionen über die Hälfte dieser Honorarsumme.*

Klaus Klamroth,
Treuhand-Manager

# Mit dem Fahrstuhl zur Wahrheit?

Ich saß so manche Stunde in einem schmucklosen Raum in der Charles-de-Gaulle-Straße 6 in Bonn. Das war eine Dependance des Bundestages, doch hatte mein Job dort nichts mit Parlamentsberichterstattung zu tun, sondern erinnerte mich eher an die späten 40er und die 50er Jahre, in denen ich in Berlin oft als Gerichtsreporter tätig war. Zum Beispiel als im Pankower Rathaus die einstige Wachmannschaft des KZ Sachsenhausen von sowjetischen Richtern verurteilt wurden oder 1949, als die Gladow-Bande, eine die Viersektoren-Situation ausnutzende, kaltblütig mordende Verbrecherhorde verurteilt wurde.

In Bonn ging es Mitte der 90er Jahre um die Straftaten der Treuhand, also nicht um Mord oder Totschlag, sondern um Betrug, Diebstahl und Raub, nicht minder ungezügelt, als es weiland die Gladows trieben.

Wenigstens die ärgsten Skandale der Treuhand sollte der Untersuchungsausschuss des Bundestages aufklären, um dann – so wurde behauptet – die Täter den Staatsanwälten zu benennen.

Wie gesagt: Ich kannte Gerichtssäle, nicht nur in Berlin und Bonn, sondern sogar im kanadischen Montreal, wo ich während der Weltaustellung 1967 wegen angeblich unerlaubter Einwanderung angeklagt worden war. Ich hatte nur einen »falschen«, nämlich einen in der DDR ausgestellten Pass in der Tasche – am Ende des Verfahrens war ich zur augenblicklichen Ausweisung verurteilt worden.

Der »Gerichtssaal« in Bonn erinnerte in nichts an all die, die ich vorher kennengelernt hatte. Schon wegen seiner außergewöhnlichen Struktur. An einem hufeisenförmigen Tisch saßen die von den Parteien benannten »Untersucher«, präsidiert vom Vorsitzenden und seiner Schriftführerin. Vorsitzender war Dr. Otto Schily, ein renommierter Rechtsanwalt, der für die Grünen in den Bundestag gekommen und später zur SPD gewechselt war. Man gewann den Eindruck, dass er es zuweilen genoss, an diesem Hufeisentisch nicht jemanden verteidigen, sondern – vielleicht sogar zum ersten Mal im Leben – als Richter und Staatsanwalt in einer Person agieren zu müssen. Das war faktisch eine Superrolle.

In dieser Funktion rief er auch die Zeugen auf, doch wurden die nicht, wie in anderen Gerichtssälen, von einem Justizbeamten durch die Tür gerufen. Zunächst befand eine einen guten Meter vom Hufeisentisch entfernt platzierte Herrenriege darüber, ob der Zeuge überhaupt aussagen dürfe. Wenn mich mein Gedächstnis nicht trügt, waren es bis zu fünf Männer – vielleicht war auch irgendwann eine Frau mit von der Partie –, die nach dem Aufruf die Köpfe zusammensteckten oder sogar eine Pause beantragten und auf dem Flur verschwanden, damit niemand mithören konnte, was sie zu bereden hatten. Irgendwann erhob sich dann einer von ihnen als »Sprecher«, an den Tagen, da ich zugegen war, meist ein Herr – ich verändere aus Daten- und Ärgerschutzgründen den Namen – »Wieland« und ließ Schily wissen, ob der Zeuge vorgelassen werden dürfe oder nicht.

Besagtes Quintett vertrat offiziell die Bundesregierung, und nach den nicht selten kurios anmutenden Ausssschussregeln hatte es das unwiderruflich letzte Wort, wer den Mund aufmachen durfte und wer schweigen musste.

Allerdings: Wer trotz einer Ablehnung wissen wollte, was der »Zeuge« vermutlich ausgesagt hätte, erfuhr dies anderentags am Zeitungskiosk. In den einschlägigen Blättern war nachzulesen, was 24 Stunden zuvor unter die Verschwiegenheitsorder jenes Quintetts gefallen war.

Selbst mir als trainiertem Gerichtsreporter erschloss sich nie, nach welchem System die Riege vorging. Ich begriff allerdings schnell, dass so nie die Betrügereien der Treuhand untersucht und eines Tages sogar belangt werden konnten, denn der Wahrheitsgehalt der am Hufeisentisch entstandenen Protokolle musste lückenhaft bleiben. Nur wer auf eigene Faust ermittelte, nicht auf die Zeitungen hoffte und auf den Korridoren die nicht zugelassenen Zeugen um Auskünfte bat

– und die zuweilen auch bekam –, konnte auf langwierigem Weg bis zur Wahrheit vorstoßen.

Dies muss als erstes all denen mitgeteilt werden, die die Absicht haben, eines Tages doch noch ein kompetentes »Schwarzbuch« über die Untaten der Treuhand zusammentragen zu wollen.

Ich hatte mir damals in den Kopf gesetzt, »Wieland« irgendwo zur Rede zu stellen und ihn mit der Frage nach dem System seiner Zeugenzulassung zu konfrontieren. Ich spekulierte darauf, dass ich ihn vielleicht zu einer Antwort bewegen könnte – wenn kein Zeuge in der Nähe war.

Aber wie anstellen?

Ich entschied mich für den Fahrstuhl im »Langen Eugen«, dem Abgeordnetensilo in Bonn, als »Tatort«.

Für die haltlose Fahrt durch alle Stockwerke benötigte der Lift nach meinem ersten Test vier Minuten und zwölf Sekunden, gleichgültig, ob man im Erdgeschoß oder im 27. Stockwerk startete. Diese Zeit verlängerte sich logischerweise, wenn er unterwegs hielt.

Mein Plan: diesen Fahrstuhl als Schauplatz einer möglichen Vier-Augen-Befragung nutzen. So wurde ich vorübergehend zum Liftprofi, in dem gutmütige Spassvögel einen neu engagierten Fahrstuhlführer sahen. Ich bestritt viele erfolglose Touren, aber als ich am zweiten Dezembertag des Jahres 1993 um 14.12 Uhr die Kabine in der 27. Etage betrat, schlossen sich die Türen – und wir beide waren tatsächlich unter uns. Es war der blanke Zufall, denn ich hatte«Wieland« den Fahrstuhl nicht betreten sehen. Ich fasste mich kurz.

»Ich habe zwei Fragen und Sie keinen Zeugen!«

Darauf er, keineswegs schroff: »No answer!«

»Dann werde ich mir etwas einfallen lassen. Der Fotograf, der uns aussteigen sieht, wartet schon.«

»Wo?«

»Überall!«

Im 16. Stockwerk bremste der Fahrstuhl, und eine Sekretärin stieg zu. Sie trug einen Berg Akten und verließ uns in der 12. Etage. – Dies alles beschreibe ich so penibel, um deutlich zu machen, dass ich die folgenden knapp vier Minuten mit Wieland allein war.

Noch zur Erklärung: »Wieland« war keiner jener Typen, die man schlagzeilengeil nennen könnte. Er wurde ganz selten zitiert, war zudem äußerlich so unauffällig, dass kaum jemand glauben mochte, er würde in diesem Verfahren die Regierung der Bundesrepublik Deutschland vertreten.

Am Vormittag jenes Tages hatte er – was wieder einmal überraschte – dem Ausschussvorsitzenden mitgeteilt, dass einige der von ihm angeforderter Akten als »Geheim« – oder wie immer der dafür geltende, bürokratisch korrekte Begriff lautete – erklärt worden seien. Es kam zu einem unerwarteten Disput. Schily hatte sich von den Akten offensichtlich einiges erhofft, aber »Wieland« war ohne viel Worte unnachgiebig geblieben. Man stritt nicht lange und verabschiedete sich kühl zur Mittagspause.

»Wieland« musste danach in den 27. Stock gefahren sein, wo die Preise an der Selbstbedienungstheke nur wenig über denen der Dönerbuden am Rheinufer lagen.

Dann kam es zu unserer Begegnung im Fahrstuhl.

Als die Sekretärin mit ihren Akten ausgestiegen war, brach »Wieland« das Schweigen. »Warum interessiert Sie das?«

»Warum diese Akten nicht, warum dieser und jener Zeuge nicht oder doch? …«

Er unterbrach mich. »Wegen der geltenden Gesetze des Datenschutzes und aus Rücksicht auf die darin genannten Personen.«

»Und wenn morgen ein Boulevardblatt die Akten publiziert? Von wem werden die Personen dann geschützt?«

Er zauderte. Die Antwort kam erst, als die Fahrstuhlanzeige den 2. Stock signalisierte. »Das ist eben Pressefreiheit! Jeder kann schreiben, was er will und was ihm nützlich erscheint.«

Jetzt unterbrach ich ihn. »Und die Wahrheit über die Treuhand?«

»Bleibt, wo sie ist«, erklärte er und stieg aus. Wir trennten uns, obwohl wir dem gleichen Ziel, dem Hufeisentischraum in der Charles-de-Gaulle-Straße, zustrebten.

Ich bin »Wieland« danach noch oft begegnet, er schien mich nie wahrzunehmen und wir benutzten auch nie mehr den gleichen Fahrstuhl.

Wer monieren wollte, dass dieses Eil-Interview weder eine Sensation noch eine Antwort auf oft gestellte Fragen enthielt, darf sich im Recht glauben, könnte es aber auch als ein Kapitel aus einer Offenbarung der Treuhandtragödie betrachten: Das maßlose Unrecht blieb für alle Zeiten, wo es war – im Halbdunkel.

Viele der damals von »der beispiellosen Abwicklung« Betroffenen hatten ihre Betriebe besetzt, lohnlos an ihren Bändern geschuftet, waren in Hungerstreik getreten und hatten immer wieder ihr Recht gefordert, aber alles blieb, wie es war oder verschlimmerte sich noch.

Es war auch kein System zu erkennen, nach dem die DDR-Wirtschaft demontiert wurde. Alle, die damit befasst waren, wussten nur, dass alles so schnell wie möglich verschwinden sollte. Und dabei war jedes Mittel recht.

Wer sich auf die wenigen Prozesse beruft, die in den Jahren danach stattfanden, sollte zur Kenntnis nehmen, dass es nur »Außenseiter« waren, die da belangt wurden.

# Die Wahrheit
# des Fachmanns

Zwanzig Tage bevor mich »Wieland« informiert hatte, war ihm der Fehler unterlaufen, die Vorladung des Dr. Rainer Maria Gohlke nicht zu verhindern. Der 1981 zum Ersten Präsidenten der Deutschen Bundesbahn berufene Gohlke hatte sich dort beim »Abbau« einen Namen gemacht, konsequent Strecken stillgelegt und Eisenbahner in Scharen entlassen. Man fand keinen erfolgreicheren »Abwickler« als ihn. Am 16. Juli 1990 wurde er Chef der Treuhandanstalt, aber schon am 16. August nahm er seinen Abschied. Der Mann, der sich als Stillleger so sehr bewährt hatte, könnte über Nacht erkannt haben, dass es nicht darum ging, eine Eisenbahnstrecke aus dem Fahrplan zu streichen, sondern ein ganzes Land von der Weltwirtschaftskarte – und das mochte er vielleicht doch nicht.

Fortan mied er nämlich auch brisante Arbeitsplätze, wechselte in den Aufsichtsrat der *Süddeutschen Zeitung*, ging mit 66 in Rente und wirkte seitdem höchstens noch in Brauerei-Vorständen oder in der Leitung des Frankfurter Flughafens. Später soll er mit einem Verwandten eine Biodieselanlage in Sachsen eröffnet haben – etwa als eine Geste der »Wiedergutmachung«?

Auch Gohlke hatte Schily also ein- oder vorgeladen. Der sollte sich zur wirtschaftlichen Situation der DDR im Jahre 1990 äußern. Sein Gutachten vor dem Ausschuss wird noch immer gern ignoriert, denn es passt nicht in die moderne politische Geschichtsschreibung, derzufolge die DDR »marode«, »veraltet« oder »pleite« war.

Am Hufeisentisch ergab sich folgender Disput:

Schily: »Wenn man mal eine vergleichsweise Rechnung aufmachen würde – für die alten Bundesländer könnte man ja auch sicherlich bestimmte Schätzungen vornehmen. Da Sie als sachverständiger Zeuge geladen sind, frage ich Sie, wie die

Schätzung aussehen würde nach einer Aufwertung der hiesigen Währung innerhalb eines Jahres um 400 bis 500 Prozent. Sie haben ja einen großen Erfahrungsreichtum in der Wirtschaft und auch Vorstellungsgabe.«

Gohlke: »400 bis 500 Prozent? Das hat einen dramatischen Einfluß. Wenn Sie sich mal überlegen, wir sind das Land, das die größte Exportabhängigkeit hat in der ganzen Welt. Unser Exportanteil, bezogen auf das Bruttosozialprodukt – ich kann das jetzt nur für die alte Bundesrepublik sagen –, war über 30 Prozent … Sie können immer vier bis fünf Prozent auffangen durch Produktivitätssteigerungen, aber solche Zahlen, das können Sie vergessen, da sind Sie pleite, ruckzuck, da haben wir den gleichen Effekt wie in der DDR.«

Ein Mitglied des Ausschusses stellte die Frage, ob man der DDR-Wirtschaft für diese vorhersehbare Situation prophylaktischen »Flankenschutz« gewährt hätte? Es ginge – betonte der Frager mit Nachdruck – jetzt nicht um das SED-Regime, um Honecker oder Krenz, sondern um die Bevölkerung.

Darauf Gohlke: »Ich meine, es gab keinen Flankenschutz […]. Ich gehöre zu den Vertretern, die […] diesen Übergang lieber später gesehen hätten. Aber gut, das ist jetzt alles Spekulation. […] Tatsache ist, dass im Grunde genommen in dem Augenblick, wo die Währungsunion kam, kein Unternehmen mehr wettbewerbsfähig war.«

Und später an anderer Stelle: »Ich habe gesagt, es wäre gut gewesen, wenn man das hätte verschieben können, aber der Druck war so groß, dass da politisch kaum eine Chance bestand.«

Diese Feststellung wurde bei der Anhörung des Bonner Ministerialdirigenten Dr. Homann vom Wirtschaftsministerium erhärtet. Er bestätigte, dass der Zusammenbruch der DDR-Wirtschaft »im Prinzip die unmittelbare Folge« des fehlenden »Außenschutzes« war. Homann unmissverständlich: »Das war eine Crash-Aktion, die auch unmittelbar wirkte!«

Ein Mitglied des Ausschusses stellte die Zusatzfrage: »Ich habe von Ihnen einen Satz gleich zweimal gehört, in dem Sie festgestellt haben, dass mit der Währungsunion praktisch sehenden Auges die Wirtschaft Ostdeutschlands in einen Abgrund gestürzt worden ist.«

Darauf der Ministerialdirigent: »Ich glaube, die Interpretation ›sehenden Auges‹, habe ich sicherlich so nicht gesagt. Es ist ein objektiver Tatbestand gewesen, der sich daraus ergeben hat.«

Hier hakte Schily nach: »Gab es denn in Ihrem Hause eine Ausarbeitung zu der Frage, wie hoch der Aufwertungseffekt ist, und welche Folgen das haben könnte?«

Homann: »Mir ist eine solche Ausarbeitung nicht bekannt.« Es seien jedoch im Vorfeld »Stufenpläne« entworfen worden, die davon ausgingen, dass die DDR-Mark in der Übergangsphase auf einer »Zeitachse« unterschiedlich bewertet werden sollte. Doch wurden diese Pläne von den Politikern über den Haufen geworfen.

Gezielt fragte Schily nach: »Einen so hohen Aufwertungseffekt verträgt möglicherweise ja keine Volkswirtschaft […]. Deshalb wundert es mich ein bisschen, dass in Ihren hochkompetenten Ministerien dieser Gesichtspunkt überhaupt nur eine Rolle gespielt hat in dem Sinne, dass Sie Salben und Verbandszeug bereitgelegt haben.«

Dieses Vergleichs erinnerte sich später Ministerialrat Dr. Breitenstein vom Finanzministerium und nannte dieses Beispiel aus der Medizin »sehr nett«. Es habe ihn bewogen, nach einem ähnlichen Vergleich zu suchen, und der lautete: »Wir haben begonnen mit der Medizin, als der Patient so, wie er war, am 3. Oktober auf dem Tisch lag.«

Während der Befragung Homanns hatte »Wieland« übrigens den Abbruch gefordert, weil er keinen Zusammenhang zwischen dem Thema und der zur Debatte stehenden »Fachaufsicht« erkennen konnte.

Auch die Frage nach einer möglichen Position der DDR-Wirtschaft in einer fiktiven Statistik der Europäischen Union hatte Dr. Gohlke beantwortet: »Die DDR gehörte zu den wirtschaftlich stärksten Ländern im Ostblock. Sie stand an der Spitze. Wenn man mal das Bruttosozialprodukt mit den EG-Ländern vergleicht, da stand sie nicht an letzter Stelle […]. Die DDR hatte im Ostblock eine unglaubliche Akzeptanz. Wenn ich mal meinen alten Bereich nehme: In der DDR wurden Kühlwagen für Russland produziert. Nirgends in der Welt konnte diese Qualität zu diesem Preis produziert werden. Das waren komplexe Vorgänge, denn die mussten plus 50 Grad und minus 50 Grad aushalten. Das waren Produktionen, die waren unglaublich, bezogen auf die Verhältnisse im Osten. Natürlich, bezogen auf unsere Verhältnisse sah das wieder anders aus. Aber es gab schon Bereiche: Wenn Sie die Elektronik nehmen, waren die auch verhältnismäßig stark, egal, wie viel hier abgekupfert worden ist oder nicht.«

Rainer Maria Gohlke war es auch, der daran erinnerte, dass schließlich ständig DDR-Produkte in die alten Bundesländer geliefert worden waren: »Vorher haben wir pausenlos die Produkte aus dem Osten bezogen, Möbel usw. Mit einem Mal war das zusammengebrochen, kein Mensch, auch wir nicht, hat die Produkte nachher noch gekauft.«

Dr. Gohlke war – wie schon erwähnt – von der Bundesbahn zur Treuhand geholt worden. Das war kein Zufall. Er selbst dazu: »Ich nehme an [...], weil ich ja seinerzeit zur Bundesbahn gegangen bin und habe ja da erhebliche Erfahrungen gesammelt in einem sehr schwierigen Umfeld, was sehr stark von der Politik beherrscht ist. Wenn ich nur daran denke, wenn es darum ging, Strecken stillzulegen, das erforderte ja sehr viel Auseinandersetzungen mit den Landesregierungen, sehr viel Auseinandersetzungen mit den Abgeordneten. Zweitens mussten wir sehr viel Personal abbauen. Ich hatte seinerzeit in der Zielsetzung den Plan 90.000 Leute bis zum Jahr 1990 gehabt, was wir auch sozialverträglich durchgesetzt haben. Das heißt, als ich ausgestiegen bin, waren all diese Ziele erreicht, und dass alle davon ausgingen, dass ich da die besten Voraussetzungen mitbringe, um in diesem schwierigen Feld hier einen Beitrag zu leisten.«

# Heuern und feuern

Es war schon erwähnt worden: Gohlke mochte jedoch den »Beitrag« nicht leisten und kündigte nach einem Monat. Andere mussten geworben werden. Man tat es fast wie einst, als Landsknechtssöldner für einen Feldzug zusammengetrommelt wurden. Um nicht in Verdacht zu geraten, bei der Schilderung dieser Anwerbung zu übertreiben, sei der *Spiegel* in den Zitaten-Zeugenstand gerufen.

Das Magazin hatte am 14. Januar 1991, die Beschreibung der Szene mit »Wer kennt einen, der passt?« überschrieben und die Situation so geschildert: »Willi Laschet hat in seiner langjährigen Managertätigkeit schon viel erlebt, doch ›so was‹, sagt er, ›ist mir noch nicht passiert‹.

Aber Laschet wusste dennoch, was zu tun war: Er feuerte die DDR-Direktoren des Exquisit-Textilhandels!«

Das Magazin vermerkte bedauernd: »Doch so schnell wie bei Alpha-Handel geht es in den meisten Betrieben der Ex-DDR nicht voran. Die Chefkontrolleure befinden über das Schicksal von Millionen Beschäftigten. [...] Manager mit solchen Fähigkeiten sind auch im Westen rar. Treuhand-Chef Detlev Karsten Rohwedder und seine Gehilfen verließen sich deshalb weitgehend auf alte Kontakte – und die sind nicht immer die besten. Zu den rührigsten Rohwedder-Helfern [...] zählt der Hamburger Wirtschaftsprüfer Otto Gellert. In dessen Büro am Hamburger Rathausmarkt ging es zeitweilig zu wie bei einer Partnervermittlung. Treuhand-Vorstand Wolfram Krause las von einer langen Liste einen Firmennamen vor, und Rohwedder fragte: ›Wer kennt einen, der dazu paßt?‹ [...]

Spontan ließen sich die meisten [...] telefonisch angesprochenen Managerpensionäre reaktivieren, darunter Spitzenleute wie Wolfgang Oehme (Esso), Karlheinz Bund (Ruhrkohle), Herbert Gassert (BBC) und Wilhelm Scheider (Krupp). Der vor einem halben Jahr aufs Altenteil gewechselte Werner Lamby, Ex-Chef des Mischkonzerns VIAG, übernahm den

Aufsichtsratsvorsitz der Stickstoffwerke AG Wittenberg-Piesteritz, Hanns Arnt Vogels, bei MBB früher mit Airbus und Raketen beschäftigt, kümmert sich nun um den Computer-Hersteller Soemtron, einstmals Teil des Kombinats Robotron. Stahlmanager Herbert Gienow, bis Mai noch Vorstandsvorsitzender der Klöckner-Werke und dann im Ruhestand, kontrolliert die Filmfabrik Wolfen. Manfred Meier-Preschany, einst im Vorstand der Dresdner Bank, beaufsichtigt eine Baugesellschaft. Der vielbeschäftigte Klaus Murmann, Arbeitgeberpräsident und Maschinenbaufabrikant, arbeitet sich in die Probleme der Bitterfelder Braunkohle ein.

Nicht nur aus Ehrgeiz waren viele Westmanager bereit, im Osten auszuhelfen. Der 51jährige Arend Oetker aus Bad Schwartau in Schleswig-Holstein ist seit Monaten arbeitslos. Der millionenschwere Marmeladenfabrikant, der aus dem Management des heruntergewirtschafteten und dann an Thyssen verkauften Otto-Wolff-Konzerns schied, hat in der Ex-DDR bei einer Firma namens Midex-Holding eine neue Aufgabe gefunden. [...]

*Auch auf Arbeitssuche – wartende Ostdeutsche vor dem Arbeitsamt IV in Berlin-Adlershof, 2. Juli 1991*

21

In ihrer Not nominierten die Treuhänder auch Westmanager, die wegen Unfähigkeit aus ihren Ämtern gejagt wurden. Gert Lorenz, im Vorstand des holländischen Philips-Konzerns bis Mitte 1990 für die Mikroelektronik zuständig, wurde für gut genug befunden, eine weitaus kleinere Elektronikfirma in Erfurt zu betreuen. Der frühere KHD-Chef Bodo Liebe, der den Kölner Konzern bis an den Rand des Konkurses gemanagt hatte, soll nun die Schwermaschinenbau AG Wildau mit 3.000 Beschäftigten vor dem Untergang retten. Pensionierte Politiker fanden [...] ebenfalls eine neue Aufgabe.

Dass sie für den Job qualifiziert sind, bezweifelt nicht nur der Düsseldorfer Firmenberater Carl Zimmerer. Ex-Finanzminister Hans Apel soll die Energiewerke Schwarze Pumpe kontrollieren, Niedersachsens früherer Ministerpräsident Ernst Albrecht die Eisen- und Hüttenwerke Thale. [...] Viele der neuen Räte haben sich auf eine langjährige Tätigkeit eingerichtet, und sie wollen im Osten als Sanierer ihren späten Ehrgeiz befriedigen.«

# »Heilsamer Ungehorsam«

Auch das Treuhand-Ausschuss-Mitglied Dr. Gerhard Friedrich (CDU) erinnerte sich bei der Gohlke-Anhörung jener Zeit: »Ich habe beobachtet bei mir – da war ich Anwalt: Alle ziemlich erfolglosen Kollegen waren plötzlich da drüben, auch ein paar beschäftigt bei der Treuhand [...]. Jetzt würde mich mal interessieren, wo sind die Westimporte vorrangig gelandet, in der Zentrale der Treuhand oder in den Kombinaten unten?«

Dr. Gohlke: »Was den Westimport anbetraf, der schwirrte in den ganzen Bundesländern herum und hat versucht, sein Geschäft zu machen. Und da gibt es schon eine Reihe von Beispielen, die ich hier gar nicht zitieren will, die Sie selbst kennen, die mich damals sehr stark belastet haben, eine Reihe von negativen Beispielen.«

Hinzu kam: Das Treuhandgesetz wurde hemmungslos unterlaufen, was ein Zeuge mit kaum zu übertreffendem Zynismus beschrieb. Rechtsanwalt Dr. Manfred Balz, der von 1990 bis 1993 Chefsyndikus, also so etwas wie der juristische Chef der Treuhandanstalt war, nachdem er zuvor 16 Jahre im Bundesjustizministerium gearbeitet hatte, charakterisierte das Gesetz so: »Es war beeinflusst von Westdeutschland [...], auch durch Bonner Ministerien und entsandte Beamte. Ich meine, man muß gleichwohl sagen: Es war ein Kind der Volkskammer, zu verantworten von den Stellen der DDR.«

Also: Man hatte in Bonn das Gesetz formuliert und es die Volkskammer beschließen lassen!

Balz weiter: »Nur aus dieser Gesetzgebungsgeschichte erklärt sich die bis in den Einigungsvertrag mitgeschleppte Vorstellung, dass den Bürgern, den, ich sage immer, enterbten Sparern der DDR [...] verbriefte Anteilsrechte an dem zu erzielenden Überschuss eingeräumt werden sollten. Auch nur daraus erklärt sich die Vorstellung, dass der Überschuss ausschließlich für die Entwicklung des Beitrittsgebiets zu verwenden wäre, nicht etwa für den allgemeinen Bundeshaushalt.«

Und als er einmal dabei war, Klartext zu reden, offenbarte Dr. Balz auch: »Der Gesetzgeber hat in ganz ähnlicher Weise innovative Dinge entwickelt wie die Treuhandanstalt. Ich möchte nur erinnern an die sehr originellen Arbeitsanleitungen des Bundesjustizminister zum Vermögensrecht. Das sind authentische Interpretationen des Referatsleiters, die eher mehr Gesetzesrang genießen in den ostdeutschen Bundesländern, vor allem bei den Landesämtern und Ämtern für offene Vermögensfragen – ein originelles Instrument, eines, glaube ich aber auch, gegen das sich der Gesetzgeber, ein selbstbewusstes Parlament, vermutlich verwahrt hätte in Zeiten, die solche Dinge nicht nötig hätten.«

Unglaublich, fast faszinierend: Irgendein Bonner Referatsleiter hatte die Richtlinien formuliert und das Parlament fand sich damit ab!

Und was mochte Balz mit den »Zeiten, die solche Dinge nicht nötig hätten«, gemeint haben?

In dem entscheidenden Gesetz war die Bildung von Treuhandaktiengesellschaften gefordert worden, in die die DDR-Kombinate schrittweise umgewandelt werden sollten. Das geschah nie. Balz' »Offenbarungseid«: »Ich meine, es war ein heilsamer Ungehorsam gegenüber dem Gesetz, als Rohwedder der Volkskammer sagte, dass dies nicht geht, und dass er dies nicht zu tun gedenke.«

Schily versuchte, die unglaubliche These vom »heilsamen Ungehorsam« durch eine Nachfrage

*Dr. Manfred Balz, von 1990 bis 1993 Syndikus, also juristischer Chef der Treuhandanstalt*

transparenter zu machen: »Herr Kollege Dr. Balz, es gibt diese schönen Wortbildungen. Sie sind auch ein Meister der schönen Wortbildungen. Nun höre ich – wie haben Sie sich ausgedrückt?: der ›heilsame Ungehorsam‹ gegenüber dem Gesetz?«

Balz: »Ja, das sage ich bewusst.«

Schily: »Ja, das haben Sie ja bewusst gesagt. Wie würden Sie das rechtlich fassen? Ist da irgendwie ein *übergesetzlicher Notstand?* Das habe ich mal bei anderen Gelegenheiten gehört, dass man den *übergesetzlichen Notstand* bemüht, wenn man sich über das Gesetz hinwegsetzen will. Würden Sie das […] juristisch etwas erläutern?«

Balz: »Ich kann Ihnen das juristisch nicht anders sagen, als dass wir in einer Zeit gelebt haben, die – ich habe die Worte revolutionäre Bewegung und Revolution genannt – Elemente einer Revolution hatte. Und in der Tat kann man diesen Vorgang nicht anders erklären.«

Das Erstaunen wich der Fassungslosigkeit: Die Treuhandoberen hatten die Revolution entdeckt! Und leugneten das auch nicht.

Zu berichtigen wäre höchstens, dass es sich in Wahrheit um eine Eskalation der Konterrevolution handelte.

Selbst Schily schien verblüfft: »Nur, Herr Kollege Dr. Balz […], bisher war ich immer der Meinung, die Rechtsaufsicht bemüht sich auch darum, eine Institution, die der Rechtsaufsicht unterliegt, dazu zu bewegen, gesetzeskonform zu handeln. Bisher war das meine naive Vorstellung, aber nun höre ich: Es gibt auch so etwas wie einen *heilsamen Gesetzesungehorsam.* Ist das doch letzten Endes die autonome Entscheidung eines jeden, in der Situation zu sagen, das finde ich, das passt jetzt in die Landschaft oder nicht? Oder gibt es den strikten Gesetzesbefehl?«

Und Schily fragte auch noch nach: »Herr Kollege Dr. Balz, kann man das vielleicht so beschreiben, dass es dort so eine Art rechtsfreien Raum gegeben hat, und erklärt die Tatsache, dass sich die Treuhandanstalt als einen solchen rechtsfreien Raum gesehen hat unter diesen revolutionären Gesichtspunkten, vielleicht auch manche anderen Verhaltensweisen in der Treuhandanstalt?«

Balz: »Ich kann das in dieser Form nicht bejahen.«

Schily: »Können Sie mir mal einen vergleichbaren Fall nennen, in dem ein Zeitraum dieser Art dazu führt, zu sagen, eine Vorschrift ist schon gleich ›obsolet‹ (*außer Gebrauch, veraltet – K. H.*)? Ich kenne den Begriff ›obsolet‹ auch. Aber können Sie mir mal einen Fall schildern? […] Nach der Methode konnten Sie doch praktisch alles machen. Revolution ist Revolution und kennt keine Gesetze, oder wie?«

Balz: »Herr Vorsitzender! Gestatten Sie, dass ich meine, dass Sie diesen Punkt jetzt überzeichnen. Aber ich will gerne mein rechtshistorisches Gedächtnis strapazieren, um nach anderen Fällen von Obsoletion zu fahnden. Ich weiß im Moment keinen vergleichbaren Fall.«

Es wäre dem promovierten Juristen auch schwergefallen, einen vergleichbaren Fall zu finden, denn die Rechtslage – treffender: die Unrechtslage – war eindeutig: Ein Treuhandgesetz war vom Parlament verabschiedet worden, und weil der Treuhanddirektor und sein Chefjurist den entscheidenden Paragraphen für »obsolet« hielten, ignorierten sie ihn – und niemand verübelte es ihnen.

Und deshalb wurden die vom Gesetzgeber geforderten Treuhandaktiengesellschaften, die den Dingen möglicherweise einen anderen Lauf gewiesen hätten, nie installiert!

Selbst Wirtschaftswissenschaftler werden die Frage nicht beantworten können, ob heute möglicherweise Zehntausende noch in Lohn und Brot stünden, statt von Hartz IV vegetieren müssen, wenn der vom Gesetzgeber gewiesene Weg eingeschlagen worden wäre, aber niemand darf die Frage – weil sie damals boykottiert worden war – für alle Zeiten zu den Akten legen!

Auch Schily blieb hartnäckig: »Gut, Herr Dr. Balz! Also, dann komme ich noch mal zurück auf Ihre Schilderung. Das war ja so eine Mixtur aus gesellschaftlichen und rechtlichen Bedingungen. Da haben Sie gesagt einerseits: Die Gesetzeslage war für Sie mehr so eine Art von Vorschlag. Da konnten Sie aussuchen, was Sie für obsolet hielten oder nicht.

(Dr. Balz: Nein!)

Doch!

(Dr. Balz: Nein, das habe ich nicht gesagt!)

Entschuldigen Sie, Herr Dr. Balz! In einem Punkt, wo eine klare Gesetzesvorschrift eine Muss-Vorschrift war, haben Sie gesagt, das war obsolet. Also, die Bindung an das Gesetz war offenbar nicht so eng. Und Sie haben ja selber wörtlich dazu ausgeführt: Es waren eben revolutionäre Verhältnisse.

Zweites Element: Die Anbindung an die Exekutive. Da haben Sie gesagt: Da herrschte quasi Autonomie; ich verkürze es etwas.

(Dr. Balz: Weitgehende Autonomie!)

Weitgehende Autonomie.

Und die dritte Restriktion, die dann nicht aus Normen oder administrativer Anbindung kommt, der Markt, Wettbewerb, den gab es auch nicht. [...] Ich würde ja sagen, das war der reine Absolutismus.«

Befragt, ob man die Treuhand eines Tages für die rücksichtslose Vernichtung der Industrie eines ganzen Landes zur Verantwortung ziehen könnte, antwortete Balz: »Es gibt [...] bei einem Großunternehmen wie der Treuhandanstalt selbstverständlich eine soziale, allgemeinwirtschaftliche Mitverantwortung, wie das auch jedes Großunternehmen, etwa der Automobilindustrie für sich beansprucht. Es gibt aber keine konkrete Folgenverantwortung für die Ergebnisse der diesem Unternehmen aufgetragenen oder gestatteten Einzelhandlungen und Einzelentscheidungen, die möglicherweise gesamtpolitisch korrekturwürdige oder -bedürftige Ergebnisse auslösen. [...]

Wenn Sie aber fragen, ob die Treuhandanstalt haftbar gemacht werden kann dafür, dass trotz des ihr zumutbaren und möglichen Finanzaufwands eine große Zahl von Unternehmen abgewickelt werden muß, dann würde ich sagen: Dafür kann sie nicht verantwortbar gemacht werden.«

Herr Balz wurde nie »abgewickelt«:

Im Oktober 2008 berief ihn die Telekom, bei der er seit 1997 als Chefsyndikus tätig war, zum Vorstand für das neue Ressort Datenschutz, Recht und Compliance. Dort erwartete man von ihm, dass er strikt auf die Gesetze achtet.

# Wo das Volkseigentum blieb

Dass der *Spiegel* zum Thema Treuhand öfter zitiert wird als andere Publikationen, lässt sich vielleicht damit erklären, dass das Magazin den Folgen des »Sieges« der BRD über die DDR besondere Aufmerksamkeit schenkte. Zum Beispiel:

»Wolfgang Männchen, 52, zuckt zusammen. Die dröhnige Lautsprecherstimme – ›Niemand mehr? Niemand mehr?‹ – schmerzt, die kurzen Schläge des Hammers bereiten ihm Qualen.

Er hat es so gewollt. Männchen will dabeisein, wenn sein Tisch, sein Stuhl, sein Zeichenbrett und seine Kaffeemaschine im Festsaal des Gasthauses ›Goldener Löwe‹ in Freital bei Dresden versteigert werden. 1957 fing der gelernte Maschinenschlosser beim Dresdner Kamerahersteller Pentacon an. Jetzt kauert er in der letzten Stuhlreihe. In der rechten Hand hält er seinen Mopedhelm, in der linken den Versteigerungsprospekt. ›Alles ist weg‹, sagt er wie zu sich selbst, ›alles ist weg!‹

Von Position 1, einer Präzisions-Tischbohrmaschine, bis zur Position 5929, dem Drehdiamanten, ist alles aufgeführt, was vor kurzem noch Männchens Firma war. Am Tage der Auktion beginnt die Demontage. […] Zu kostendeckenden Preisen wurden die Dresdner ihre Kameras bei westdeutschen Händlern wie Photo-Porst und Quelle nicht mehr los. […].

Auktionator Arnold Troostwijk, ein Holländer, lässt den Hammer aus der Hand rutschen, greift sich fahrig ins lichte Haar. Die Monitore ringsum zeigen die rostigen Überreste von Pentacon. Keiner der 70 Versammelten rührt die Hand. ›Das ist doch wirklich Wahnsinn‹, stöhnt Troostwijk.

Position 67, eine Fräsmaschine aus dem Chemnitzer Fritz-Heckert-Kombinat, will niemand haben. Zumindest nicht für 35.000 Mark, das Mindestgebot.

Der Mann auf der Bühne greift erneut sein Schlagwerkzeug. ›Wir probieren es jetzt mit der Hälfte!‹ ruft er entnervt.

Auf der Leuchttafel hinter seinem Rücken flammt tiefrot die Zahl 15.000 auf.

Das Publikum, wenige sächsische Mittelständler, einige Pentacon-Arbeiter, vor allem Großhändler aus Holland, England und der Schweiz, bleibt stumm. Wolfgang Männchen leidet und drückt den Mopedhelm dichter, noch dichter an sich heran.

Für 12.000 Mark wird Troostwijk die Ost-Fräse endlich los. Er knallt den Hammer auf die Pressspanplatte.

Männchen zuckt zusammen. Bei Pentacon war er zuletzt zuständig für die Bestellung von Drehbänken und Fräsmaschinen. Er kennt die alten Preise, er weiß, wie trickreich das Gerät besorgt wurde. Eine Marktwirtschaft, in der man Maschinen per Handzeichen ordert und nur Schleuderpreise zahlt, empfindet einer wie er als grausam. Und irgendwie auch als unseriös.

›Ich bin der Mann, der den Tod organisiert‹, sagt der Deutschlandchef der Troostwijk-Gruppe, Jacques Hendriksen. Er zuckt die Achseln. ›Vielleicht‹, meint er, ›ist es besser, dass ein Holländer und kein Deutscher diese Arbeit erledigt.‹

85 Prozent der Erlöse kassiert die Berliner Treuhandanstalt, den Rest behält Troostwijk. [...]

400 Ex-VEB werden derzeit vom Liquidator zerlegt.

Für die Großhändler ist schon das Ende von Pentacon ein Glücksfall. Lastwagenweise können sie billige Secondhand-Maschinen in ihre Lager karren. ›Die Preise sind gut, sehr gut‹, sagt Robert Bouland, Eigentümer der britischen Fairfield Industries Ltd.

Gewissenhaft notiert Wolfgang Männchen die Preise, die Bouland und andere Händler zahlen. In zwei Wochen, wenn die Techniker seiner alten Werksabteilung zum Ehemaligentreff zusammenkommen, soll er berichten. Die einstigen Kollegen wollen wissen, was die Stahlschränke, die Polar-Tiefkühltruhe und Hunderte von Zeiss-Mikroskopen gebracht haben. [...]

Die unverkäuflichen Überbleibsel werden am nächsten Tag verschrottet. Nur das rostige Schild am Hauptportal wird den Tag des Abschraubens überdauern. ›Aktivisten der ersten Stunde‹, heißt es kaum noch leserlich, ›legten den Grundstein

*Fassungslosigkeit, Ohnmacht, Wut begleiten das Wirken der westdeutschen Brüder und Schwestern*

für den sozialistischen Großbetrieb VEB Kombinat Pentacon Dresden‹.«

Ein erschütternder Bericht – für die Betroffenen, für Männer wie Männchen.

Manches verwendete Wort lässt darauf schließen, dass selbst der *Spiegel*-Autor bewegt war.

Auf alle Fälle hatte der Niederländer, der seit Jahr und Tag leidenschaftslos von Auktion zu Auktion reist, sich die Angebotslisten aushändigen lässt und nach seinem Hammer langt, mit seinen Gefühlen zu kämpfen, konnte nur mühsam begreifen, welche Drecksarbeit er hier für die Deutschen zu besorgen hat. Und überall hört er nur, dass das Land, das er jetzt mit seinem Hammer begräbt, angeblich am Ende war.

Ob er je gehört hatte, dass man es noch bis vor kurzem rund um die Uhr als das Land der »Schwestern und Brüder« pries? Erbschaftshader kennt man in allen Breitengraden, aber derlei Leichenfledderei war beispiellos.

# Wie man eine Fusion »arrangiert«

Die Treuhandanstalt, ihre Kunden und die Bundesregierung betrogen nicht nur die De-facto-Eigentümer des DDR-Reichtums, sondern spielten auch oft mit gezinkten Karten. Kam jemand dahinter, wurde er eilig belehrt: »Alles korrekt!«

Der Clou auf diesem Gebiet war die »Kali-Fusion«.

Dabei: Der Begriff »Fusion« ist auf den ersten Blick blanke Harmonie. Die Vorstellung gipfelt auch beim Laien in dem Denkbild: »Zwei tun sich zusammen!«

Warum?

Der eine gibt sich zufrieden mit der Auskunft: Sie werden gute Gründe dafür haben. Der andere erinnert sich vielleicht sogar der Losung, dass man vereint stärker ist.

Handelt es sich allerdings – wie in diesem Fall – bei den Initiatoren um Konzernbosse, hegen in der DDR Aufgewachsene durchaus den Verdacht, dass die Motive für solche Fusion nicht ganz lauter sind. Irgendwann und irgendwo war der eine durchaus freiwillig Marx und seinen Erkenntnissen begegnet und riet nun zur Skepsis. Zumindest orakelte man: Es ist fast nie persönliche Sympathie einiger Bosse füreinander, die zu solchem Schritt führen. Ziemlich sicher schien jedenfalls, dass man in den Büros beider Fusionspartner zuvor die Bilanzen des anderen kontrolliert und alle Aspekte des durch einen solchen Schritt entstehenden Vor- oder Nachteils geprüft hatte. Als oberstes Ziel galt: Der Konkurrenz muss mit vereinten Kräften beigekommen werden. – Und das sollte auch fürs Kali gelten?

Auch für das Thema Treuhand-Untaten gilt: Die Beteiligten verstecken sich oft hinter Gepflogenheiten, die sich dem Laien nicht erschließen. Da es auch hier um Tausende Arbeitsplätze und damit Tausende menschlicher Existenzen ging, begann ich mit den Recherchen ganz unten. Zum Beispiel mit der Frage: Was ist überhaupt Kali?

Ein Lexikon verriet mir: »Kalisalze: eine Gruppe natürlicher Kalium- und Magnesiumverbindungen, die als Düngemittel und als Grundstoffe in verschiedenen Zweigen der Industrie, bes. der chemischen verwendet werden. Zu den K. gehören der Carnallit (Karnallit), der nach dem Berghauptmann Camall benannt ist und als Chlorcanallit, KCI.«

Man muss schon ein wenig Fachmann sein, um Konturen zu erkennen. Das ist eines der Probleme: Fachleute schreiben – selbst im Lexikon – vornehmlich für Fachleute! Und wer ist schon von Hause aus ein Kali-Experte?

Ich schob das Lexikon an seinen Platz zurück und forschte nach einem Experten, der Kali verständlicher erklären konnte.

Ich hatte Glück und bat bald nach der Rückwende einen renommierten aber wegen seiner Sympathie für die DDR »abgewickelten« Wissenschaftler um eine verständlichere Auskunft. Der ehemalige Direktor des Instituts für Bodenfruchtbarkeit und Landeskultur der Humboldt-Universität zu Berlin, Prof. Dr. Günter Markgraf begann mit der Kali-Historie: »Vor etwa 200 Millionen Jahren war das Gebiet, in dem wir heute leben, von einem Meer bedeckt. Dieses Meer verdunstete im Laufe großer Zeiträume, und dabei wurde Salz auskristallisiert. Der Salzgehalt in den Meeren liegt bei etwa drei Prozent, aber das sind sehr verschiedene Salze. Sie schieden sich nach der Reihenfolge ihrer vorkommenden Menge und vor allem ihrer Löslichkeit ab. Das am schwersten lösliche Salz, das Mineral Anhydrit, wurde also zuerst ausgeschieden.«

Ich vermochte noch zu folgen.

»Das ältere Steinsalz wurde in riesigen Mengen auskristallisiert, dann folgten die Kalisalze, also Polyhalit, und das wichtigste und in Deutschland bekannteste Kalirohsalz, der Carnallit.

Diese Schichten lagen zunächst waagerecht, aber durch tektonische Bewegungen« – Professor Markgraf demonstrierte mir eine tektonische Bewegung im Erdinnern, indem er die Serviette neben seinem Kuchenteller zusammenschob, sodass sich die Mitte nach oben hob – »Erdkrustenverschiebungen haben sogenannte Salzstöcke gebildet. Wären die nicht entstanden, wäre es sehr lange unmöglich gewesen, überhaupt an die Salzlagerstätten heranzukommen. Geologen stoßen nach 500, 600 oder 1.000 Meter auf solche Schichten. Ohne Verschiebungen im Erdreich hätten sie 3.000 oder 4.000 Meter tief bohren müssen.

In Mitteldeutschland gibt es bedeutende Kalilagerstätten, die lange Zeit die bedeutendsten in der Welt waren, bis große Lagerstätten in Kanada, Russland und anderen Republiken der ehemaligen UdSSR und in Spanien entdeckt wurden. Ihr Abbau ist sehr unterschiedlich. In Deutschland werden Schächte abgeteuft und Stollen in das Salz vorgetrieben. Die tragen sich selbst und müssen nicht abgestützt werden. Dadurch entstehen riesige unterirdische Hallen. In Kanada bedient man sich des sogenannten *solution mining*. Man drückt heißes Wasser unter Tage, das das Salz auflöst, und wenn die Lösung dann nach oben gepumpt wird, kühlt sie sich ab und die Salze kristallisieren aus. Dadurch entsteht fast kein Abraum.

In der DDR war das wichtigste Rohsalz das Carnallit. Das enthält Kalium – chemisches Symbol K –, verbunden mit Chlor, Formel Cl, und Magnesium. Es ist also ein sogenanntes Doppelsalz und enthält Chlorkalium und Chlormagnesium.

Nach einer internationalen Festlegung wird der Nährstoffgehalt bei Kalidüngemitteln auf der Basis von Oxidwerten angegeben, also $K_2O$. Je nach der Konzentration, spricht man von 40er Kali, 50er Kali, 60er Kali. Die Zahl 60 bedeutet also nichts anderes als den Gehalt 60 Prozent $K_2O$. Das ist das höchstkonzentrierte Kali und bietet einen entscheidenden Vorteil – es enthält weniger Ballaststoffe. Die müssen demzufolge nicht mit dem Kali transportiert werden und belasten auch weniger den Boden.

Weiter: Kali wird als Granulat angeboten, damit es nicht zu sehr staubt, und neuerdings auch in einer Form, die verhindert, dass es Feuchtigkeit anzieht. Es wird zur Herstellung von Komplexdüngern verwendet. Eine Reihe großer Unternehmen haben sich auf deren Produktion spezialisiert. Dazu gehört zum Beispiel die Norsk Hydro, ein norwegisches Unternehmen, das aber auch in Deutschland produziert und übrigens das Rostocker Düngemittelwerk gekauft hat.

Zum Kern, der Verwendung des Kali: Fast jede Pflanze braucht eine Reihe von Nährstoffen. Man unterscheidet zwischen Makronährstoffen und Mikronährstoffen. Makronährstoffe sind sogenannte Kernnährstoffe, unabdingbar für die

Pflanzen. Mikronährstoffe sind in den meisten Böden in Deutschland in ausreichender Menge enthalten.

Kehren wir zum Kalium zurück. Es ist zu großen Teilen im Protoplasma der Pflanze gebunden und im Zellsaft. Eine seiner wichtigsten Aufgaben: Es reguliert den Wasserhaushalt der Pflanze. Eine schlecht mit Kalium versorgte Pflanze verbraucht mehr Wasser, ist also in gewisser Weise verschwenderisch. Kalium entscheidet auch über die Frostresistenz einer Pflanze. Als erstes hätte ich vielleicht die Rolle des Kaliums in der Photosynthese erwähnen sollen. So bezeichnet man den chemischen Vorgang in der Pflanze – auf Einzelheiten will ich verzichten –, der zur Bildung von Kohlenhydraten führt, dem letztlich entscheidenden Prozeß des Pflanzenwachstums. Kaliummangel wirkt sich negativ auf die Produktion von Kohlenhydraten aus, also Zucker, Stärke und Zellulose. Daraus folgt, dass Pflanzen, die viel Kohlenhydrate produzieren, Hauptverwerter von Kalium sind. Das wären die Zuckerrübe und die Kartoffel. Bei der Kartoffel erhöht ausreichender Kaliumgehalt auch die Lagerfähigkeit.

Man spricht von einer sogenannten harmonischen Düngung.«

Die Vorlesung war beendet, und ich der Meinung, dass sie eine Überdosis Kaliwissen enthalten hatte. Kaffee wurde nachgeschenkt. Der Professor lud mich ein, Fragen zu stellen.

»Befindet sich Kalium von Hause aus in jedem Boden?«

»Ja. Der Boden ist ja ein Verwitterungsprodukt, entstanden durch mechanische und chemische Verwitterung von Gesteinen. Daraus folgt, dass Boden, der aus der Verwitterung von Ergussgestein – zum Beispiel Granit – entstand, Feldspat enthält, und Feldspat ist ein hervorragender Lieferant von Kali. Mittelgebirgsböden enthalten also mehr Kalium, als märkische Sandböden.«

»Erschöpft sich Kalium eines Tages?«

»Ja, deshalb kann man auf Dauer auf Kalidüngung nicht verzichten. Das gilt im besonderen Maße für tropische und subtropische Länder. Zitrusfrüchte, Baumwolle, Zuckerrohr kommen ohne Kalium nicht aus. Das ist einer der Gründe, warum Kalidüngemittel auf dem Weltmarkt so sehr gefragt sind.«

Wir tranken unseren Kaffee aus, die Privatvorlesung war beendet. Wenn ich auch gestehe, einige Zusammenhänge ebensowenig erfasst zu haben, wie damals in der Schule – gelernt hatte ich: Ohne Kali vermag die Welt nicht zu überleben!

Also folgerte ich: Es gab keine Absatzkrise und keinen weggebrochenen Markt. Die Welt brauchte Kali – und in der DDR wurde es gefördert. Das hatte mir mein Lehrer so überzeugend beigebracht, dass ich die Notwendigkeit der Förderung zum Beispiel in der Thomas-Müntzer-Grube in Bischofferode notfalls vor dem Treuhand-Untersuchungsausschuss begründen könnte.

So überrascht man sein mag: Bei meiner weiteren Untersuchung der Themen »Kali« und »Fusion« stieß ich auf Bertolt Brecht. Nicht, dass der Augsburger auch noch ein Salzexperte war, aber wenn es darum ging, das Wirken des Kapitalismus allgemein verständlich und obendrein per Vers transparent zu machen, wirkte er bekanntlich in der allerersten Reihe.

Seit Beginn der 20er Jahre hatte er im Sinn, die Mechanismen des kapitalistischen Marktes auf die Bühne zu bringen. Er las sich durch viele Bücher, darunter auch dem 1907 zum ersten Mal erschienenen Zweibänder »Die Geschichte der großen amerikanischen Vermögen« und beendete 1931 die erste Fassung seines Schauspiels »Die heilige Johanna der Schlachthöfe«. Man hat Mühe zu glauben, dass es erst drei Jahre nach seinem Tod 1959 zum ersten Mal aufgeführt wurde. Ein Darmstädter Theaterintendant, der es am 25. Januar 1933 hatte aufführen wollen, wurde erst zum Verzicht auf das Stück, dann zum Rücktritt gezwungen und ins Exil getrieben.

Als der berühmte Gustav Gründgens es 1959 am Hamburger Schauspielhaus inszenierte, ließ er vorsorglich jede Textstelle streichen – oder hatte man es ihm »empfohlen«? –, in der das Wort »Kommunist« auftauchte, und auch Brechts Montage der kapitalistischen Krisen-Schreckensnachrichten in *Bild*-Zeitungsschlagzeilen wie »Acht Millionen Arbeitslose in den Vereinigten Staaten« oder »Der größte europäische Trust, der Zündholztrust, verkracht!« fielen dem Rotstift zum Opfer. (Diese Mitteilung entbehrt heute, da man mit Eifer über den Umgang mit der Kultur in der DDR herzieht, nicht einer gewissen Pikanterie.)

Klarstellen muss ich: Brecht hatte bei seinem Versuch der Darstellung kapitalistischer Mechanismen nicht eine konkrete Fusion im Auge, sondern das allgemeine Funktionieren der brutalen Marktgesetze.

Seinen Fleischkönig Pierpont Mauler ließ er Viehzüchtern erklären:

*»Die Schwierigkeit, die uns bedrückt, hebt sich.*
*Elend und Hunger, Ausschreitung, Gewalt*
*Hat eine Ursach und die Ursach klärt sich:*
*'s gab zu viel Fleisch. Verstopft war*
*In diesem Jahr der Fleischmarkt und so sank*
*Der Viehpreis in ein Nichts. Nun ihn zu halten*
*Beschlossen wir, Packherr und Viehzüchter, gemeinsam*
*Grenzen zu ziehen der hemmungslosen Aufzucht*
*Das Vieh, das auf den Markt kommt, zu beschränken*
*Und vom Vorhandenen auszuschalten, was zu viel ist, also*
*Ein Drittel allen Viehes zu verbrennen.«*

Und die Johanna ließ Brecht sagen:

*»Denn es ist eine Kluft zwischen oben und unten, größer als*
*Zwischen dem Berg Himalaja und dem Meer*
*Und was oben vorgeht*
*Erfährt man unten nicht*
*Und nicht oben, was unten vorgeht*
*Und es sind zwei Sprachen oben und unten*
*Und zwei Maße zu messen*
*Und was Menschengesicht trägt*
*Kennt sich nicht mehr.«*

Noch einmal: Brecht sah sein Stück selbst nie auf einer Theaterbühne. Zu bemerken: Als es 1959 – »gereinigt« – in Hamburg aufgeführt wurde, gab es viele Vorhänge, vor allem für die die Johanna spielende Brecht-Tochter Hanne Hiob, dafür aber rüde Worte in den Medien, etwa in Springers *BZ*: »Ein primitiver Singsang aus der Mottenkiste des Klassenkampfes […], ein böses Zerrbild, verlogen und voller Hass«.

Das wiederum erinnerte mich an die Worte Heinz Kamnitzers, der 1993 die Besudelung von Brechts Grabstein auf dem Dorotheenstädtischen Friedhof mit den Worten bedachte:

»Wer so geschändet! Ist geehrt
Die Lumpen fürchten
dass er wiederkehrt.«

Dieser »Ausflug« mit Brecht sollte nur helfen, jene
»Fusion« transparenter zu machen, die von der Treuhand inszeniert worden war, als es, wenn auch nicht um Viehfleisch,
aber immerhin um Dünger für Viehfutter ging, den die DDR
– siehe oben – weltweit exportiert hatte, unter anderem aus
der Kaligrube Bischofferode.

Erinnern Sie sich des Brechtschen Fleischzaren, der Vieh
verbrennen ließ, um die Nachfrage nach Fleisch zu steigern?

Mit der Treuhand waren auch Bestimmungen in DDR-
Gegenden gekommen, nach denen Felder absichtlich nicht
bestellt und damit auch nicht beerntet werden durften. Das
Geld dafür kam von in Brüssel geführten Konten der sogenannten Europäischen Gemeinschaft. Auch weil deren Ordres
in der DDR nicht galten, wurde dort rund um die Uhr Kali
gefördert, auf Feldern ausgebracht und obendrein in alle Welt
verschifft. Die Liste der belieferten Länder war lang und
reichte – alphabetisch – von Ägypten bis Zypern.

Wenn auch schon angedeutet worden war, dass das in
Bischofferode geförderte Kali von hoher Qualität war, muss
hier noch ein Gutachten zitiert werden, das der Schweizer
Ökonom Peter Arnold im Auftrage der Thüringer Landes-
wirtschaftsförderungsgesellschaft erarbeitet hatte:

»Das Kaliwerk Bischofferode ist ein Werk, das traditionell
ein starkes Absatzbein im westlichen Europa hat. Auf diese
Länder entfielen 1991 immerhin 95 und 1992 noch 88 Prozent der Lieferungen. Bischofferode ist damit unter den ostdeutschen Kaliwerken das am stärksten auf Westeuropa ausgerichtete Werk, wie es auch unter den ostdeutschen
Kaliwerken das am stärksten auf die westlichen Industrieländer ausgerichtete ist.

Diese Schwerpunktsetzung hängt zu einem Gutteil mit
den Spezifikationen des Kalis des jeweiligen Werkes und den
diesbezüglichen Vorgaben der einzelnen Märkte zusammen.
Das Bischofferoder Kali ist hauptsächlich von Herstellern von
Kaliumsulfat und Mehrnährstoffdüngern gefragt. Angesichts
des in vielen Wirtschaftsbereichen Ostdeutschlands nach

*Monatelang wird um Bischofferode gekämpft und deutlich gemacht, dass der Vorgang nicht singulär ist. Zwei Wochen lang marschieren Kalikumpel von Bischofferode nach Berlin, wo sie am 16. September 1993 eintreffen*

1989 zu verzeichnenden Absatzeinbruchs sticht ins Auge, dass sich die Lieferungen aus Bischofferode in den nord- und westeuropäischen Produzentenmarkt nicht nur in etwa auf ihrem Vorwende-Stand gehalten haben, sondern dass sie zwischen 1989 und 1991 sogar noch angestiegen sind.«

Das gewissenhafte Dokument des Peter Arnold gibt zudem Aufschluss über die Kunden des Thüringer Schachtes:

»Die Käufer von Bischofferoder Kali in Nord- und Westeuropa sind die Großen der europäischen Kaliumsulfat- und Mehrnährstoffdüngerindustrie. In Frankreich ist es die EMC – die einzige Kaliproduzentin dort, die das Bischofferoder K60 und K61 für ihre Kaliumsulfatfabriken in Belgien bezieht.

In Belgien selber sind es vor allem die Mehrnährstoffdüngerproduzenten Engrais Rosier und die finnische Kemira Oy dort mit ihren Werken. Kemira Oy ist ebenfalls der Abnehmer des Bischofferoder Kalis im Falle von Dänemark – wo Kemira Oy den einzigen dänischen Mehrnährstoffdüngerhersteller (Superfos) unter seinen Fittichen hat – sowie in ihrem Heimatland Finnland, wo Kemira Oy der einzige Düngerhersteller ist. Kemira Oy ist Europas drittgrößter Düngerhersteller. (BASF steht an zweiter Stelle.)«

Weiter nannte der Autor präzise die Kunden in den Niederlanden, in Schweden, Norwegen und in Österreich. Damit war belegt, dass Bischofferode ein Marktführer war und dessen Inbesitznahme – offiziell wäre es als »Kauf« deklariert worden – den erwünschten Reibach für die bundesdeutschen Chemie-Konzerne gesichert hätte.

Doch – und damit gelangen wir endlich zum Kern des Halbweltdeals – die ganze Sache hatte noch einen Haken: Die von Arnold erwähnten – und darüber hinaus viele andere – Kunden verwendeten das Bischofferode-Kali vor allem, um mit Hilfe eines speziellen Verfahrens – kurioserweise als »Mannheimer« bezeichnet – zu ihren benötigten Spitzen-Düngemitteln zu gelangen. Müssten sie ab morgen auf das

*Mahnwache am Pariser Platz in Berlin, 28. Dezember 1993. In Bischofferode besetzen Kalikumpel den Schacht, über 80 Gruppen der Initiative »Arbeitsplätze für Millionen« demonstrieren bundesweit ihre Solidarität – am 29. Dezember bekräftigt Thüringens Ministerpräsident Bernhard Vogel (CDU) dennoch das endgültige Aus von Bischofferode zum Jahresende*

39

Bischofferoder K60 verzichten, bliebe ihnen keine andere Wahl, als ihre Produktion umzustellen. Als Primitivvergleich: Die kuchenbackende Hausfrau, der die Hefe ausgegangen ist, muß zum Backpulver greifen.

Die Badischen Anilin- und Sodafabriken (BASF) – Muttergesellschaft der in Kassel ansässigen Kali + Salz AG – stellten ihren Dünger nicht mit dem Mannheimer Verfahren, sondern mit dem sogenannten Kieserit-Verfahren her. An dem Tag also, an dem Bischofferode die Förderung einstellte, müsste »Mannheimer-Kali« von der Marktliste gestrichen werden und die BASF-Tochter würde mit ihrem Kieserit-Kali den Markt beherrschen und zudem ihre Kunden zu der von ihr praktizierten Technologie zwingen.

Wer aber konnte Bischofferode aus dem Marktrennen werfen? Einzig und allein die Treuhandanstalt! Die war durch den »Einigungsvertrag« in den Besitz von Bischofferode gelangt, hätte aber dem ihr per Gesetz vorgeschriebenen Handlungsspielraum nicht verlassen dürfen.

»Warum ziehen Sie den Atheisten Kirchensteuer ab?«
»Weil auch sie dran glauben müssen!« – Kommentar von Heinz Behling zum Zeitgeist; Berliner Linke Nr. 49/1991

Wortlaut: »Die Aufgaben der Treuhandanstalt werden nach Maßgabe des Treuhandgesetzes durch den Auftrag bestimmt, das ihr übertragene, bisher volkseigene Vermögen zu privatisieren und zu verwerten. Zu diesem Zweck hat sie

• die Wettbewerbsfähigkeit möglichst vieler Unternehmen herzustellen und somit Arbeitsplätze zu sichern und neue zu schaffen,

• die Sanierung und Strukturanpassung der Unternehmen an die Erfordernisse des Marktes zu unterstützen,

• die Entwicklung effektiver Unternehmensstrukturen zu fördern.«

Kein Wort von: BASF-Konkurrenten aus dem Weg zu räumen!

Wer das Arnold-Gutachten und die Treuhandvorschriften gelesen hatte, konnte kaum Gefahr für Bischofferode sehen: Der Schacht war im höchsten Grade wettbewerbsfähig, eine Anpassung an die Erfordernisse des Marktes konnte man sich in diesem Fall sparen – sie war gegeben. Auch was die geforderte Privatisierung betraf, wussten alle von einem solventen Interessenten, nämlich dem Unternehmer Johannes Peine. Der hatte die Prognose der Kunden-Lieferwünsche nach den Verkaufszahlen der Jahre 1991 und 1992 berechnet und bekundete demzufolge ernsthaftes Interesse. Die Treuhand aber ignorierte ihn, ohne je triftige Gründe zu nennen. Alles, was man offiziell zu hören bekam, waren alberne Ausreden.

# Minister schaltet sich ein

Hinter den Kulissen aber war längst ein an Brechts Mauler und sein »Fleischrezept« erinnernder Pakt ausgetüftelt worden, den allerdings nur jemand zu durchschauen vermochte, der das wusste, was auf den vorstehenden Seiten über Kali, seine Zusammensetzung und Weiterverarbreitung mitgeteilt worden ist.

Brecht wollte seinem Publikum den Mechanismus des Kapitalismus auf offener Bühne vorführen, die Treuhand und ihre Komplizen hatten gute Gründe, die Operation nach allen Regeln der Kunst zu verschleiern.

Die auf den ersten Blick glaubwürdigste Lösung: Da sich kein Käufer für die DDR-Gruben fand, musste die Mitteldeutsche Kali AG – zu der Bischofferode gehörte – und die Kali + Salz AG, die der BASF gehört, »fusionieren.«

Stutzig machen musste jedoch, dass ein zweiter Blick – nämlich der in den entsprechenden Vertrag – verwehrt wurde. Die Akte wurde – Herr Wieland ließ grüßen – mit höchster Geheimgehaltungsstufe bedacht. Die protestierenden und hungerstreikenden Kumpel wollten wissen, was an einem solchen Vertrag geheimzuhalten wäre?

Da keine glaubwürdige Antwort bei der Hand war, bequemten sich die Dealer, einem von den Streikenden benannten Anwalt Einsicht zu gewähren. Als die Arbeiter den Linkspolitiker Gregor Gysi nominierten, sprang Günter Rexrodt (FDP), Bundesminister für Wirtschaft, in die Bresche und annullierte das den Kalikumpeln gegebene Versprechen. Eiskalt ließ er wissen, dass lediglich einem Wirtschaftsprüfer Einblick gewährt werden würde. Damit wurden die gezinkten Karten erkennbar. Denn: Was mochte die Treuhand, was Birgit Breuel oder Günter Rexrodt bewogen haben, einen bei allen Gerichten zugelassenen und mit einem Mandat seiner Mandanten versehenen Rechtsanwalt auszuschalten?

Es ging letztlich um das Eigentum auch der Kalikumpel – wie immer wer auch den Begriff »Volkseigentum« auszudeuten beliebt – und die hatten – wie im Rechtsstaat üblich – einen Anwalt benannt, der ihre Interessen wahrnehmen sollte.

Die von der Treuhand, von Frau Breuel und Herrn Rexrodt verhängte Geheimhaltung hatte jedoch Lücken, und so sickerte durch, wie der Raubzug kaschiert werden sollte.

Trick 1: Die Kasseler BASF-Tochter tritt der Mitteldeutschen Kali AG bei, wird also faktisch über Nacht ein Ostbetrieb.

Trick 2: Sie behält dennoch 51 Prozent der Anteile der neuen Gesellschaft, während die übrigen 49 Prozent bei der Treuhand bleiben.

Trick 3: Die Treuhandanstalt verpflichtet sich im »Fusionsvertrag« in den ersten drei Jahren 90 Prozent aller Defizite – »unabhängig von der Ursache« – zu tragen, im vierten Jahr 85 Prozent und im fünften Jahr 80 Prozent.

Diese drei Tricks sind derart unglaublich, dass man sie für eine Serie von Druckfehlern halten könnte, sie sich aber auch nur erklären kann, wenn man weiß, *welcher* Kali in Bischofferode gefördert wurde.

Noch einmal Klartext: Ein Westkonzern siedelt sich im Osten an. Die ihm in den folgenden drei Jahren dort entstehenden Verluste gleicht der deutsche Steuerzahler aus, dessen Geld auf dem Umweg über den Staatshaushalt in die Kasse der Treuhand fließt. Die Treuhand kann logischerweise nur in den neuen Bundesländern Verluste ausgleichen, weshalb der im Grunde pure Westkonzern über Nacht in den Osten »fusionierte«.

Und so konnte eine Kaligrube geschlossen werden, deren hochwertiges Produkt sich weltweit gut verkaufen ließ, auf dem Markt aber durch seine speziellen – vorteilhaften – Eigenschaften die Konzernkreise stört.

Ich möchte vermuten: Brecht hätte sich an dieser Variante begeistert.

Und damit niemand unterstellt, dass diese Darstellung eine »linke« – und damit bösartige – Erfindung sei, soll noch das Düsseldorfer *Handelsblatt* – jeglicher Sympathie für hungerstreikende Arbeiter unverdächtig – zitiert werden: »Der Grund für die Diskretion, die Treuhandanstalt und Bundesfinanzministerium hinsichtlich des Fusionsvertrages [...] üben, liegt offensichtlich in der dort vereinbarten und auch kartellrechtlich interessanten Wettbewerbs- oder Konkurrenzausschlussklausel: Danach ist es der Treuhand untersagt, ostdeutsche Kaligruben, z. B. Bischofferode, an einen anderen Partner als K+S zu verkaufen. Die Geschlossenheit des Konzepts darf nicht gestört werden.

Der internationale Kalimarkt ist weitgehend kartelliert. Vermutlich gibt es Demarkationsabsprachen, durch die die nationalen Absatzgebiete geschützt werden. Die Importquote auf dem deutschen Markt ist verschwindend gering. Deshalb dürfte die Verhandlungsmacht von K+S so stark sein, dass das Unternehmen der Treuhand Privatisierungsbedingungen stellen konnte, z. B. den Ausschluss einer eventuellen Konkurrenz bei der Zusammenführung und Sanierung der beiden bisherigen Monopolisten auf dem geteilten deutschen Markt. [...] Selbst wenn der mittelständische Unternehmer Johannes Peine, der eine eigene Lösung für Bischofferode hatte finden wollen, tatsächlich finanzstark genug wäre, um die notwendigen Investitionen vornehmen zu können: Nach dem Fusionsvertrag hat sich die Treuhand verpflichtet, ihn, wie auch potentere Interessenten, draußen vor der Tür zu halten. Wegen dieser Klausel kann also eine Einzellösung für Bischofferode außerhalb des BASF-Komplexes nicht einmal probiert werden, welchen politischen Druck die hungerstreikenden Kalikumpel auch immer auszuüben versuchen. Wenn der Fusionsvertrag einmal einer breiten Öffentlichkeit bekannt würde, könnte diese Klausel zum Politikum und Skandal werden.«

Das ist keine böswillige Vermutung, sondern ebenfalls leicht zu belegen. Als die Fraktion der PDS/LL im Bundestag den Antrag stellte, Bischofferode auf die Tagesordnung zu setzen, erhob sich der Geschäftsführer der SPD-Fraktion im Bundestag, Dr. Peter Struck, und erklärte: »Mich erfüllt das Auftreten der PDS im Deutschen Bundestag mit einiger Verbitterung – sie hat ja ausdrücklich die Rechtsnachfolge der SED angetreten –, wenn sie sich zum Anwalt von Menschen aufspielen wollen, denen sie durch ihre falsche Politik, in deren Rechtsnachfolge sie sind, zu diesem Elend verholfen haben.«

Am Ende war also die DDR an allem Schuld. Auch das hätte Brecht gefallen können.

Strucks Bermerkung war umso perfider, als er natürlich wusste, dass es in den 80er Jahren Verhandlungen zwischen beiden deutschen Regierungen gegeben hatte, bei denen es um die Versalzung der durchs gemeinsame Kaligebiet fließenden Werra ging. Von den DDR-Gruben Merkers und Unterbreizbach sollte ein BRD-Verfahren übernommen werden, das unbestritten umweltfreundlicher war als das von der DDR angewandte. Es kam jedoch nie zu einer Vereinbarung, weil das BRD-Unternehmen für einen ersten Test des Verfahrens die absurde Summe von 20 Millionen DM forderte. Und außer dieser Summe sollte die DDR noch die Klausel akzeptieren, dass sich ihre Gruben verpflichteten, »keine Tonne Kali« mehr auf dem vom Kasseler Produzenten »beeinflussten Markt anzubieten«.

Tatsächlich sollte also die als Umweltsorge deklarierte Vereinbarung nur die DDR-Konkurrenz auf dem Weltmarkt ausschalten.

Überdies variierte die SPD ihre Position fast über Nacht. Als Tage später der SPD-Vizechef Wolfgang Thierse nach Bischofferode geeilt war, um dort Solidarität mit den Kumpel zu versprechen, blendete er die Struck-Variante aus.

Die Versprechungen waren zahlreich. Kanzler Kohl bemühte das Blaue vom Himmel, Rita Süßmuth garantierte Trost und Hilfe, Ministerpräsident Bernhard Vogel präsentierte 700 Arbeitsplätze aus dem Nichts, und die IG Bergbau »mahnte« in aufwändigen Anzeigen die Kollegen, auf Hungerstreik und Widerstand zu verzichten. Alle einte die Sorge, es könnte zu einer *sozialen Detonation* kommen.

Im Hintergrund betrieb man allerdings emsig wie zuvor die »Fusion«. Bundeswirtschaftsminister Rexrodt wandte sich mit Regierungsautorität gegen einen Antrag des Berliner Bundeskartellamtes, den Fusionsantrag von den Brüsseler Schreibtischen zurückzuholen und zunächst den Berliner Kartellprüfern vorzulegen. Seine Ministermacht reichte denn auch aus, es zu verhindern. Das Argument der Kartellexperten, die Fusion würde neue marktbeherrschende Positionen schaffen, schlug er in den Wind, doch blieben ihm die Herren die Antwort nicht schuldig: »Wir werden unverzüglich eine eingehende Stellungnahme nach Brüssel schicken!«

# Reporterscharen unterwegs

Inzwischen aber hatten die Kalikumpel mit ihren Aktionen die Weltöffentlichkeit erregt. Reporter, die nach den Jubelrauschtagen 1990 ihre Berliner Büros geräumt oder zumindest geschlossen hatten, jetteten wieder nach Deutschland und suchten auf Straßenkarten den Weg nach Bischofferode.

Alle schienen elektrisiert aber auch verwirrt: Ein Massenhungerstreik unter den vom Kommunismus Befreiten? Bischöfe an der Spitze von Demonstrationen? Massenaustritte aus der Kohl-Partei?

Man witterte die Sensation.

Die Bundesregierung war im Hinblick auf die »Fusion« noch guter Dinge. Der vom Rhein in die belgische Metropole delegierte EU-Oberkommissar Martin Bangemann bemühte sich, mit offiziellen Erklärungen Zuversicht zu verbreiten und nebenbei seine Kollegen aus anderen Ländern unter Druck zu setzen.

Am 16. August 1993, einem Montag, lieferte der Bischofferode-Schacht in den TV-Nachrichten aller deutschen und vieler ausländischer Sender einmal mehr die Kulisse für die Spitzennachricht. Es fand sich sogar noch ein rotes Telefon aus DDR-Zeiten, und das schien den Fernsehleuten das der Situation angemessene Gerät für den Empfang der Nachricht aus Brüssel. So sah und hörte sich das in der *ARD-Tagesschau* an:

Nachrichtensprecher: »Ernste Bedenken meldete Brüssel gegen den Fusionsvertrag zwischen der mitteldeutschen Kali AG und der BASF-Tochter Kali und Salz Kassel an. Wegen dieser Bedenken wurde eine umfassende Prüfung eingeleitet. Thüringens Regierungschef Vogel begrüßte die Entscheidung.«

Reporterin vor dem Schacht: »Obwohl offiziell Werksferien sind, ist der Betriebsrat in Bischofferode an diesem Morgen vollzählig versammelt. Immer wieder wird telefoniert. Kurz vor zwölf ...«

(Szenenwechsel. Mann am roten Telefon)

»... dringt dann die Nachricht durch, dass die EU-Kommission die deutsch-deutsche Kali-Ehe für bedenklich hält. Die offizielle Begründung aus Brüssel ...«

(Szenenwechsel. Vor der Kamera der zuständige EU-Kommissar Karel van Miert an seinem Schreibtisch)

»In erster Linie gibt es die marktbeherrschende Stellung nicht nur in Deutschland, aber es hat auch Auswirkungen auf die Gesamtgemeinschaft und deswegen müssen wir das ernsthaft überprüfen.«

Frage des Reporters: »Sehen Sie eine mögliche Lösung?«

Karel van Miert: »Es ist zu früh, das zu sagen. Weil es ernsthafte Bedenken gibt, muß hier mit allen Beteiligten darüber geredet werden. Aber es ist schwierig zu sagen, ob denn, so wie es heute ist, ob man das überhaupt genehmigen kann.«

Reporterin in Bischofferode: »Das heißt: eingehende Prüfung der Kalifusion. Vier Monate kann das Verfahren dauern. Auch wenn die Fusion dann genehmigt wird, rechnen die Kumpel sich Vorteile aus, hoffen, dass Brüssel Auflagen macht, zum Beispiel die, dass einzelne Werke wie Bischofferode aus dem Vertrag herausgenommen werden. Die Entscheidung heute – für sie ein Erfolg.«

(Szenenwechsel. Vor Kamera und Mikrofon Betriebsratsvorsitzender Brodhun)

»Diese Entscheidung von Brüssel entsprach meiner innersten Überzeugung, und zwar meinen Wunschvorstellungen. Also: Zeitgewinn drei Monate, um alles, was fehlerhaft ist, zu korrigieren und eventuell auch drei Monate Zeit, um unsere Politiker doch noch zu überzeugen, dass sie ihre Meinung revidieren.«

(Szenenwechsel. Blick auf die Fassade der Treuhandanstalt in Berlin, danach Vorstandsmitglied Wolf Schöde)

»Bei der Treuhandanstalt in Berlin dagegen Kritik. Hier befürchtet man, dass die Brüsseler Intervention die Umstrukturierung der Kali-Industrie verzögert und damit Arbeitsplätze gefährdet.«

Schöde: »Für die Kali-Industrie in Ostdeutschland bedeutet es, die Fusion ist auf die lange Bank geschoben, und die Vorteile, die wir uns von der Fusion erhofft haben, kommen jetzt erst viel später. Für Bischofferode bedeutet es, dass über die

Stilllegung im Augenblick nicht befunden werden kann. Das verbessert aber die Situation der Grube in Bischofferode leider überhaupt nicht.«

(Szenenwechsel. Blick in die Räume des Betriebsrates, in denen man Transparente vorbereitet.)

*Am 21. August 1993, dem 3. Aktionstag in Bischofferode, ist auch PDS-Chef Gregor Gysi vor Ort. Er würdigt die Arbeits-kämpfe als Rückgewinnung des Selbstvertrauens der Ostdeutschen*

Reporterin: »Die Kalikumpel sehen das anders. Sie haben neue Hoffnung geschöpft. Plakate für den nächsten Aktionstag am kommenden Samstag. Auch bei den achtzehn Männern und fünf Frauen im Hungerstreik war von Aufhören heute noch keine Rede. Die endgültige Entscheidung darüber, ob und wie der Arbeitskampf fortgesetzt wird, soll auf einer Betriebsversammlung in den nächsten Tagen fallen.«

Eine Schar entschlossener Bergarbeiter hatte mit ihrem Widerstand ein Signal gesetzt und den am Hinterrad der Treuhand fahrenden und sieggewohnten Konzernen eine Schlappe zugefügt.

Am 16. August, dem Tag, für den in Brüssel eine gewissenhafte Prüfung des Fusionsvertrages angekündigt worden war, wandten sich die Bischofferoder Kumpels in einem neun Punkte umfassenden Offenen Brief an ihre Kollegen in Ost und West. Wer über die Fusionshintergründe im Bilde war, hatte keine Mühe jede Zeile richtig zu interpretieren:

»Offener Brief der Kumpel von Bischofferode an die Kolleginnen und Kollegen der Kali + Salz AG Kassel und die Mitglieder der Gewerkschaft Bergbau und Energie

*Bischofferode, den 16.8.1993*

*Liebe Kolleginnen und Kollegen,*
*jüngst riefen der Betriebsrat der Kali und Salz AG und die IGBE*
*zu einer Demonstration vor der Hauptverwaltung der K + S auf.*
*Auf dem Flugblatt heißt es u. a.: ›In den letzten Wochen […] ist*
*von verschiedener Seite in unverantwortlicher Weise die Kali-*
*Fusion einseitig dargestellt worden.‹ Es stehe nur ein Betrieb im*
*Mittelpunkt. ›Damit muß Schluss sein! Denn es geht um mehr,*
*um das Ganze, um den Erhalt des deutschen Kali-Bergbaus mit*
*7.500 Arbeitsplätzen […].‹*
*Jawohl, damit muß jetzt Schluss sein! Wenn der Fusionsvertrag*
*öffentlich gemacht wird, dann ist automatisch Schluss mit ein-*
*seitiger Darstellung.*
*Wir, die Belegschaftsvertreter des Kaliwerkes Bischofferode, haben*
*den gleichen Kummer wie Ihr. Wir sehen leider zu selten unsere*
*Gedanken, Argumente und die Ziele und Hintergründe unseres*
*Arbeitskampfes sachlich richtig dargestellt. Lasst uns deshalb*

gemeinsam etwas dafür tun, dass alle Beteiligten und Betroffenen einander zuhören und verstehen lernen. Unterstützt unser Bestreben, den Fusionsvertrag offenzulegen. Das ist der erste Schritt zur Vermeidung von Mißverständnissen und Schuldzuweisungen! Macht Euch mit unseren Sorgen und Befürchtungen vertraut, aber auch mit unseren Argumenten:

Denn:

1. Die Bischofferöder Produkte stehen natürlich nicht als Agrardüngemittel, wohl aber als Vorprodukt für die Herstellung von Kaliumsulfat nach dem Mannheim-Verfahren einzigartig da gegenüber dem Sortiment aller anderen Werke des Fusionsunternehmens. Und unser K60/K61 als solches Vorprodukt ist z. Z. und bis auf weiteres von anderen deutschen Schächten in den geforderten Eigenschaften nicht ersetzbar. Das musste sogar Herr Dr. Schucht von der Treuhandanstalt einräumen. Von dieser Seite her gefährden wir nicht einen Eurer Arbeitsplätze, weil demzufolge unsere Abnehmer andere als Eure Kunden sind. Damit ist auch entkräftet, dass der Markt hoffnungslos übersättigt sei. Am 6. August 1993 musste der Vorstand der K + S AG einräumen, dass wichtige Abnehmer des Bischofferöder Kali wie der Kaliumsulfathersteller Tessenderlo-Chemie/EMC Belgien die im Austausch zu unserem Erzeugnis angebotene Zielitzer Produktion nicht akzeptiert. Die anderen Abnehmer hatten sich auf Ersatzlieferungen aus Zielitz erst gar nicht eingelassen.

Neben der Körnung ist beispielsweise für die Lieferungen nach Dänemark von Bedeutung, dass unser K60 unbehandelt und damit frei von chemischen Rückständen und Zusätzen ist, wie sie z. B. bei der Rohsalzverlösung durch das Flotationsverfahren auftreten. Das Bischofferöder Produkt ist also kein Standardprodukt, wie Treuhandvorstandsmitglied Dr. Schucht und seine Präsidentin der Öffentlichkeit ständig einzureden versuchen.

2. Der Verbrauch von Kaliumsulfat und sulfathaltigen Mehrnährstoffdüngern ist in den letzten Jahren stärker gestiegen als der Kaliverbrauch insgesamt. Für die Zukunft existieren zumindest keine gegenteiligen Prognosen, weil in den großen Verbrauchsgebieten der Welt die Böden Schwefeldefizite aufweisen und sulfathaltige Mehrnährstoffdünger deshalb als Zukunftsprodukte gelten.

3. Interessant ist, dass die dem Werk Bischofferode zugeschriebenen Jahresverluste jüngst beinahe von Tag zu Tag höher ausfallen,

*während die effektiv erzielten Verkaufserlöse vor uns geheimgehal-
ten werden. Die Verluste wuchsen von angeblich 20 Mio.
(Schucht), über 26 Mio. (THA am 30.7.93) auf 20 bis 40 Mio.
(Bethge Anfang August 93) und schließlich sogar auf 46 Mio.
DM (K + S AG am 6.8.93 – Pressekonferenz).
Übrigens liegt unser Werk bezüglich der verursachten Kosten im
gesamtdeutschen Vergleich im Mittelfeld der nicht von Stilllegung
betroffenen Gruben! Die Begründung, das Werk aus betriebswirt-
schaftlichen Gründen zu schließen, ist also mehr als fragwürdig,
wir meinen sogar, es ist eine Lüge!
4. Die von der Treuhandanstalt behauptete ›intensive weltweite
Suche‹ nach Interessenten für die ostdeutsche Kaliindustrie, die
mit der Beauftragung der Londoner Investmentbank Goldman &
Sachs im April 1992 einsetzte, hatte ganze vier Monate gedauert.
Davor war Kali + Salz schon lange da (z. B. sechs Tage nach dem
Mauerfall am 15. 11. 89 in der Grube Merkers), sorgte auch
dafür, dass seit 1990 kein ostdeutsches Kali mehr auf den westdeutschen Kalimarkt gelangte. Wir wollen kein Ausspielen Kalikumpel Ost gegen Kalikumpel West – wir wollen aber faire
Bedingungen und gleiche Chancen für alle. Wo aber ist Gerechtigkeit, wenn Grubenschließungen in Westdeutschland über Jahre
gestreckt werden, im Osten aber in wenigen Monaten vollzogen
werden sollen? Wo ist Gerechtigkeit bei Abfindungs- und anderen
Regelungen?
Und wo ist Gerechtigkeit, wenn man bedenkt, dass unser Werk
der letzte einigermaßen bedeutsame Arbeitgeber einer ganzen
Region ist? Wo ist Gerechtigkeit, wenn die schon entlassenen
22.000 Südharzrevierbergleute noch heute auf insgesamt rund
27 Mio. DM versprochene Abfindung warten müssen?
5. Es wird behauptet, wir seien undankbar, wenn wir die
Ersatzarbeitsplatzangebote von Bundes- und Landesregierung
ablehnen. Wir lehnen sie ja gar nicht ab. Wir sagen nur, dass es
höchste Zeit ist, solche Alternativen zu schaffen – und zwar für
die, die seit Jahren ohne Arbeit sind und, anderenfalls auch
keine mehr finden werden – unsere 22.000 ehemaligen Kolleginnen und Kollegen und die Arbeitslosen aus anderen Branchen. Wir aber können und wollen weiter im Schacht arbeiten.
6. Es wird behauptet, mit unserem Wunsch weiterzufördern,
würden wir auf Dauer subventionierte Arbeitsplätze beanspru-*

chen, also ›sozialistische‹ Wirtschaft wiederbeleben wollen. Wir sind es schon müde zu wiederholen, was jahrelang in Westdeutschland in der Kohle praktiziert wurde. Wir verweisen nur darauf, dass eine zeitweilige Stützung unserer Produktion den Steuerzahler wesentlich billiger käme, als die Finanzierung der Verluste des Gemeinschaftsunternehmens und die Schließung des Kaliwerkes Bischofferode.

7. Als wirtschaftspolitische Stütze wird von den Regierungen in Bonn und Erfurt immer der Mittelstand hervorgehoben. Warum also privatisiert man unser Werk nicht unabhängig und losgelöst von den anderen zur Fusion bereiten Kaliwerken? Dass wir uns auf dem Mark nicht ›totkonkurrieren‹ werden, ergibt sich aus unseren unterschiedlichen und jeweils schon lange feststehenden Marktanteilen.

Mahnwache für Bischofferode vor dem Gebäude der Treuhandanstalt in Berlin, 14. Juli 1993

8. Man sagt, wir erzählen die ›Mär‹ vom bösen Monopolkapitalismus und lassen uns von ›dubiosen‹ Parteien und Verbänden ›aufhetzen‹. Gemeint werden damit die PDS, die Komitees für Gerechtigkeit und die ostdeutsche Betriebsräteinitiative. Doch dazu später. Die Erkenntnisse von der Gewaltigkeit der Monopolinteressen, in unserem Fall des BASF-Riesen, haben uns in erster Linie die Vertreter des Kapitals und deren Helfershelfer selbst nahe gebracht, z. B. mit den lügenhaften Behauptungen von der Unwirtschaftlichkeit unseres Werkes, dem sogenannten Standardcharakter unserer Produkte, der Weigerung, eine Teilprivatisierung zu vollziehen oder der Verhinderung der Vertragsoffenlegung usw. Glaubt nicht, wir waren so einfältig, solches Verhalten nicht deuten zu können!

9. Was die sogenannten dubiosen Einflüsterer betrifft: Zum einen sind sie es, die uns am uneigennützigsten durch Spenden und Mitarbeit, durch Rat und Tat zur Seite standen und stehen, aber sie stehen ja nicht allein! In einer Reihe mit ihnen stehen Gewerkschafter fast aller Einzelgewerkschaften (auch der IGBE) und des DGB, Mitglieder der CDU (natürlich mehr die sogenannten einfachen), der SPD, der Bürgerbewegungen, Vertreter der Kirchen, auch Unternehmer und Gewerbetreibende. Und deren Adressen sind nicht nur deutsche, sondern internationale. Inzwischen finden wir Gehör und Unterstützung auf allen Kontinenten dieser Erde. Wie dubios müssen diese sich mit uns Solidarisierenden sein?

Wir bitten Euch, wie es im Aufruf zur Demonstration am 17.8.93 geschrieben steht, forthin jedwede einseitige Darstellung abzulehnen und mit uns gemeinsam zu fordern:

Schluß mit der Geheimniskrämerei! Alle Dokumente auf den Tisch! Wir wollen uns gemeinsam ein Bild machen! Wir wollen uns nicht spalten lassen!


Glück auf!
Die Kumpel aus Bischofferode«


2003 schrieb Sead Husic in der Wochenzeitung *Freitag* unter dem Titel »Niedergang«: »Vor zehn Jahren traten die Bergleute aus Bischofferode in einen Hungerstreik, der als der härteste Arbeitskampf, den das Land je erlebte, in Erinnerung blieb.

Einige Männer und eine Frau sitzen vor diesem Fernseher mit dem schwarzen Gehäuse und sehen sich mit unbewegten Gesichtern den Film über den Hungerstreik in Bischofferode an. Von irgendwo hört man harte, schnelle Musik wummern, aber weiß nicht woher. [...]

Dann ist Friedrich Bohl, der ehemalige Kanzleramtsminister, auf dem Bildschirm, und die Frau fragt: ›Was macht eigentlich der jetzt?‹ Und einer antwortet: ›Is mir egal, was der heute macht.‹ Der Mann, der das gesagt hat, hält die Arme verschränkt, gerade so, als wolle er damit verhindern, dass er gleich explodiert, weil in ihm die Wut aufsteigt wegen dieser Politiker, die er da im Fernsehen sieht. Und das obwohl alles schon zehn Jahre her ist. [...] Und immer noch befällt den Mann Zorn, wenn er sich daran erinnert. Obwohl das alles doch längst vorbei ist. Ganz weit weg. Aber hier in Bischofferode anscheinend immer noch viel zu nah.

Dann ist Bernhard Vogel auf dem Bildschirm [...]. Vogel sagt Sätze, in denen die Worte ›Aufbauleistung‹ und ›neue Arbeitsplätze‹ vorkommen. Die Männer vor dem Fernseher lachen laut über den CDU-Politiker mit seinen schlohweißen Haaren. Auch der Mann, der seine Wut scheinbar nur mit verschränkten Armen bändigen kann, lacht höhnisch, er heißt Gerhard Jüttemann (53) und war damals der stellvertretende Betriebsratsvorsitzende.

Das Zimmer, in dem er und seine Kollegen jetzt sitzen, ist der Vereinsraum des Thomas Müntzer Kali-Vereins Bischofferode e. V., dessen Vorsitzender Jüttemann ist. [...] Früher mal diente dieses Gebäude als Betriebsambulanz. [...] Hinter der einstigen Ambulanz erhebt sich ein ziegelsteinfarbener Berg, eine Rückstandshalde. Die wuchs mit den Jahrzehnten des unterirdischen Kaliabbaus. [...]

Projekte, Planungen, Ideen – nichts ist geblieben. [...] Bischofferode, ein Ort mit etwa 2.000 Einwohnern, war eine Erfolgsgeschichte. Doch nach der Wende begann der Abstieg für das dann von der Treuhandanstalt verwaltete Unternehmen. [...] ›Der Westdeutsche Konzern wollte sich nur einen Konkurrenten vom Halse schaffen‹, sagt Jüttemann. [...]

Seit 1999 ist hier das Berg- und Kalimuseum eingerichtet, für das sich die letzten Kumpel Bischofferodes eingesetzt

*Am 22. September 1993 besetzen fünfzehn Kalikumpel mit dem Mute der Verzweiflung den Saal 11S im Reichstag, später verlagern sie ihren Protest vor das Südportal. Bis zum Sonntagmorgen, dem 24. September, harren sie dort aus, dann lässt die Hausherrin, Frau Rita Süssmuth, die Kumpel von der Polizei wegtragen. Hans Modrow versucht zu vermitteln – umsonst*

haben. Noch 70 von ihnen arbeiten an der Verfüllung der bis zu 600 Meter tiefen Schächte. Irgendwann in ein paar Jahren wird dann endgültig dicht gemacht. Einer von denen, die einst für ihren Job hungerstreikten und hier noch arbeiten, ist Wilfried Beckert. Er ist Ende 40, schlank, etwa 1,80 Meter groß, Schnauzer, blondbraunes Haar. Er führt manchmal, meist an Sonntagen, die Besucher durch das Museum und erklärt ihnen, wie das Kalisalz gewonnen wurde. […] 20 Tage lang hungerte Beckert vor zehn Jahren […] ›Nochmal‹, sagt er, würde er das nicht tun. ›Am zwölften Tag schmerzten meine Nieren, und ich fühlte mich so schwach.‹ […] In einem der Ausstellungsräume erinnern Transparente und

Fotos an den Kampf, den die Menschen in Bischofferode führten. Auf einem Bild ist Beckert zu sehen. Er liegt, abgemagert, sichtlich blass und müde, auf einer Rot-Kreuz-Pritsche, die mit grobem, grauem Stoff bezogen ist. […] Nur an eine Geschichte kann er sich genau erinnern. An die, als ein *Bild*-Reporter kam und sich immer ganz in der Nähe der Hungernden aufhielt, weil er hoffte, es gäbe irgendwann den ersten Toten, und er wäre dann der erste, der das Foto hätte. ›Das fand ich dann doch … na ja.‹ Er winkt ab. […]

Jüttemann zeigt auf den Stapel von Zeitungsausschnitten, die in einem Ordner liegen. Selbst US-Medien erzählten die Geschichte von den Männern und Frauen im vereinten Deutschland, die um ihre Existenz fürchteten und deshalb den Hungertod in Kauf nahmen. Die Puhdys gaben Konzerte vor den Werkshallen, Veronika Fischer und Angelika Weiz unterstützten die Arbeiter. Bis zu 15.000 Protestierer versammelten sich vor der Kantine. Prominente, Politiker und Parteichefs kamen. ›Manche‹, sagt Jüttemann, ›kamen nur, um in den Medien zu sein, aber viele kamen, weil sie wirklich helfen wollten, nur konnten wahrscheinlich viele nicht wirklich helfen. Die Macht lag ja schließlich woanders.‹«

Die Macht lag bei der Treuhand und bei denen, die sie zur Ruinierhand bestellt hatten, sicher, dass sie ihre Arbeit gründlich machen werde.

# Briefwechsel zwischen Reichel und Breuel

Die am 3. März 1926 geborene Schauspielerin Käthe Reichel war nie Mitglied einer Partei, aber ihr Leben lang engagierter als viele Lauthälse, die ihre Parteien in den verschiedenen Gremien vertraten oder vorgaben, sie und obendrein auch ihre Wähler zu vertreten. Als die betrogenen Kalikumpel in Bischofferode ihren Hungerstreik begannen, reiste Käthe Reichel von Berlin nach Bischofferode, schloss sich dort dem Streik an und schrieb einen Brief nach Berlin.

»Sehr geehrte Frau Breuel, ich möchte Ihnen sagen, Ihnen vorschlagen dürfen: geben Sie Ihren entsetzlichen Job auf. Sagen Sie Ihrer Partei, Sie seien eine Liberale, also ein Mensch, der über alles die Freiheit schätzt, die individuelle, und könnten darum diese Arbeit, die Millionen in Unfreiheit, in die Arbeitslosigkeit zwingt, nicht weitermachen, denn ›Freiheit ist Leistung‹ hieß der Wahlspruch Ihrer Partei hier in der DDR im Frühjahr 1990. Er hing an vielen Bäumen hier auch in Bischofferode, im ganzen Land.

Drei Jahre danach, drei Jahre lang jeden Tag haben Sie dann Stacheldraht um Millionen Arbeitsplätze geknüpft. Davon könnten Sie sagen, wären Ihnen die Finger jetzt blutig. Sie hätten keine Haut mehr auf Ihren Händen. Und die größte, die schwerste Arbeit, die mit der Axt komme ja erst noch. Bitten Sie Ihre Partei, man solle für diesen Rest bitteschön einen gelernten Schlachter einstellen, der mit dem Beil umgehen kann. Sie wären eine Frau und eine Liberale dazu und für niedere, niedrigste Knochenarbeit nicht zuständig.

Sagen Sie weiter, Frau Breuel, jeder glaubt Ihnen das heute hier am 21. August auf dem Platz von Bischofferode, dass die Hungernden von Bischofferode und anderswo schon lange in Ihren Schlaf dringen, dass Sie deswegen nicht mehr schlafen können, dass diese Menschen nachts an Ihrem Bett stehen und

Sie ansehen, nicht aufhören Sie anzusehen, dass sie Ihren Augen nicht mehr entrinnen können, nirgends, auch nicht am Morgen vorm Spiegel, dass Sie, wenn Sie ins Schlachthaus fahren jeden Morgen, in die Zwingburg von Ostberlin, dort in dem schönen Blumenstrauß auf Ihrem Arbeitstisch schon auf Sie lauern; dem schönen Blumenstrauß, den Ihre Mutter Ihnen jede Woche schickt; dass Sie da hören können, wie die geknickten Stengel zueinander sagen: Das ist unser Grabstrauß.

Sagen Sie auch, damit man Erbarmen mit Ihnen hat, dass diese gute Frau, Ihre Mutter, Sie nicht auf die Welt gebracht hat, damit sie als Leviathan über einem Land kreisen, so lange, bis Sie immer hungriger, nie gesättigt, Ihren Schnabel gefüttert haben, das Land zerhackt, ganz verschlungen, bis das Land ein Friedhof ist, von Geistern bewohnt, die Sie, die keine ›Lady Macbeth‹ sein wollen, eben heimsuchen.

Sagen Sie diesen Zwingherren mit der braunen Haut, wie bleich Ihr Gesicht inzwischen geworden ist von der Arbeit in dieser Zwingburg, dass Sie gut sein möchten, ein guter Mensch sein möchten, nicht einer, vor dem die Leute die Hände zum Himmel heben, dass Sie auch gut sein möchten zu sich selbst, dass Millionen das von Ihnen erwarten, darum beten, immerfort lauter darum bitten, hängen Sie den Job an den Nagel, Frau Breuel. Zu viele haben sich an diesem Nagel schon aufgehängt.

Ich erinnere Sie an DETLEF DALK. Bevor seine Füße den Stuhl wegschleuderten, schrieb er: ›Alle anderen Wege des Wachrüttelns bin ich gegangen.‹ Das war am 4. März 92. An diesem Tag erhängte er sich. Frau Breuel, sagen Sie den Herren Lambsdorff und Kinkel ins Gesicht: Die Wahlparole ›Freiheit ist Leistung‹ – Millionen begierige Menschen hätten diesen Spruch nicht einlösen können, keinen Tag, keine Stunde, und darum seien sie so unfrei jetzt, wie sie es noch nicht kannten, so dass ihre letzte Freiheit jetzt der Hungerstreik ist, dass ein Hungerstreik zwar auch eine Leistung sei, sogar eine große, aber eben nicht die, die der Spruch meinte. Und dass Sie darum jetzt fortgingen, wegwollten. Wenn man Sie nicht lässt, nun, dann schreien Sie oder weinen Sie, bis Ihnen das Herz bricht, und seien Sie dann willkommen in Bischofferode.

KÄTHE REICHEL, Bischofferode.«

»Sehr geehrte Frau Reichel,

Sie haben zu jenen Menschen gehört, die am 4. November 1989 sichtbar und mutig für Freiheitsrechte eingetreten sind. Und Sie haben sicherlich auch zu denen gehört, die durch diese innere Befreiung eine bessere Zukunft für die Menschen in der DDR für greifbar nahe gehalten haben. Ich will freimütig gestehen, dass auch ich noch bis in den Herbst 1990 fest davon überzeugt war, dass es möglich sein würde, die wirtschaftliche Basis für Arbeit und Leben in Ostdeutschland rasch zu verändern und zu verbessern. Heute wissen wir besser, dass auch die gleichzeitig mit dem Vorgang der Einigung in Deutschland weltweit ablaufenden Veränderungen die wirtschaftlichen Rahmenbedingungen beeinflusst haben. Dazu gehört der Zusammenbruch der Sowjetunion ebenso wie die 1992 einsetzende wirtschaftliche Rezession.

Die Treuhandanstalt stand und steht in dieser Situation im Schnittpunkt der schnell ablaufenden gesellschaftlichen und wirtschaftlichen Prozesse. Es gibt kaum ein Problem, für das die Treuhandanstalt nicht verantwortlich gemacht wird.

Dabei wissen Sie vielleicht noch viel besser als ich, weil ich erst viel später dazu kam, dass sich die Betriebe in der DDR seit dem Herbst 1989 sich immer schneller aus den Bindungen und von vielen als Fessel empfundenen Beziehungen zum sogenannten Staatsapparat gelöst haben. Die Industrieministerien wurden abgeschafft, die staatliche Plankommission wurde aufgelöst, der in Vorbereitung befindliche Fünfjahresplan mit dem RGW kam nicht mehr zustande. Der ganze wirtschaftliche und politische Zusammenhang in Osteuropa löste sich auf, weil die Reformen in allen Staaten diese planwirtschaftlichen Strukturen zusammenbrechen ließen. Die Treuhandanstalt wurde gegründet, um den Übergang der Betriebe in eine marktwirtschaftliche Ordnung herbeizuführen.

Ich habe erst sehr viel später, wenn ich mich erinnere, irgendwann im Herbst 1991, jene geheime Ausarbeitung zur wirtschaftlichen Situation gesehen, die für den im Herbst 1989 gerade neu gewählten Herrn Krenz nach Honeckers Sturz angefertigt wurde. Auch Frau Luft, die damals als Wirtschaftsministerin Verantwortung übernahm, bekundet in ihrem Buch, dass sie diese Analyse nicht kannte. Kaum jemand hat damals im Herbst 1989 gewußt, wie schlecht es um die Wirtschaft der DDR steht und welche bittere und schmerzliche Übergangsphase so oder so auf die Bürger zukommen würde. Ich glaube, wir müssen zurückgehen zu den Wurzeln unserer heutigen Probleme, wenn wir uns mit dem Ziel, eine bessere Zukunft zu gewinnen, auseinandersetzen wollen. Nur aus einer klaren Analyse der Ausgangssituation kann Zukunft gewonnen werden. Alles andere führt zu Legenden. Und wohin dies dann führt, das haben wir in der deutschen Geschichte nach 1933 auf grausame Weise erfahren. Bitte tragen Sie mit dazu bei, dass keine Legenden entstehen.

So sehr ich den Schmerz nachvollziehen kann, dem Sie mit einer ganz und gar zugespitzten und auf ihre Weise gewalttätigen Sprache Ausdruck verleihen, so sehr muss ich mich gegen die darin verborgene Symbolik zur Wehr setzen. Dies sät Zwietracht und Hass, dies spaltet und treibt auseinander.

Ich werde mich mit meinen Mitarbeitern in der Treuhandanstalt jedenfalls nicht der Verantwortung entziehen, die uns nach dem Treuhandgesetz der Volkskammer vom 17. Juni 1990 auferlegt ist. Wir lernen, wir machen Fehler, wir entscheiden, wir tragen Verantwortung.

Wir sind Menschen wie Sie.

Ihre Birgit Breuel«

»Sehr geehrte Frau Breuel!

Ich glaube, zentral in Ihrer Antwort ist der Begriff der Legende. Darin enthalten sind gewisse Voraussetzungen und Unterstellungen. Die stille Voraussetzung ist, dass die Kriterien des modernen Marktsystems an alles und jedes angelegt werden müssen. Die Unterstellung ist, dass ich und andere mit ›Emotionalität‹ eine angeblich eindeutige Ausgangssituation vernebeln und durch Kritik an der Treuhandanstalt dieser etwas in die Schuhe schieben würden, was in Wirklichkeit der Honecker-Sozialismus zu verantworten habe.

Während die treusorgende Treuhand sich müht und abrackert, den dummen Ostdeutschen Marktwirtschaft beizubringen und ihren Industrieschrott in die richtigen marktwirt-

*Die Schauspielerin Käthe Reichel auf einer Montags-Demo auf dem Berliner Alexanderplatz, 8. April 1991*

schaftlichen Privathände zu legen, basteln die bösen Querulanten wie Käthe Reichel an einer ›Dolchstoßlegende‹, so die kaum verhüllte Unterstellung.

1. Der Vorwurf gegen jeden Kritiker der Treuhand, der Funktion und der Politik dieser Anstalt, sie würden bloß innerdeutsche Ressentiments schüren, Zwietracht und Hass säen, die eigentlichen Probleme nicht sehen, die wahre Ausgangslage nach dem Ende des Staatssozialismus verkennen und so zur gefährlichen Legendenbildung beitragen, ist selber eine Legende. Alle sich zuspitzenden Probleme auch noch im dritten und vierten Jahr der deutschen Vereinigung, ebenso wie in der zu erwartenden Krisenzukunft, einzig und allein auf die Systemdefizite des alten Staatssozialismus zurückzuführen, und die (wie früher die scheinbar allmächtige Partei) ›immer recht habende‹ Marktwirtschaft-West als ›gutes‹ und ›siegreiches‹ Prinzip für die wachsende statt sich vermindernde Misere in keinster Weise verantwortlich zu machen, wird immer unglaubwürdiger.

Gerade diese Legendenbildung von Breuel und Co. ist nicht nur gefährlich, sondern geradezu perfide, weil sie die Ostdeutschen ewig in die Haltung von Nachhilfeschülern, Befehlsempfängern und Selbsterniedrigern zwingen will, die kritiklos immer neue Lektionen lernen sollen, ohne dass eine praktische Problembewältigung in Sicht wäre.

In Wirklichkeit ist es die westliche Inkompetenz selbst, die sich von Tag zu Tag mehr blamiert, und die westlichen marktwirtschaftsideologischen Versprechungen und Legenden werden von Tag zu Tag tiefer bloßgestellt.

2. Die durchsichtigste aller Ihrer Legenden ist, Sie hätten ebenso wie die übrigen Koryphäen des Westens im Herbst 1989 keine Ahnung vom schlechten Zustand der DDR-Wirtschaft (gemessen an den Kriterien des Weltmarkts) gehabt. Wenn es so wäre: Seit wann gehört die eigene ökonomische Ahnungslosigkeit zu den Befähigungsnachweisen dafür, hinterher in der Chef-Position anderen zeigen zu können, wo es langgeht? Nicht nur durch die zweifellos guten nachrichtendienstlichen Informationen, sondern auch durch die alltäglichen und umfangreichen Wirtschaftsbeziehungen mussten die westlichen Experten in Wirklichkeit genau über die Situation der DDR-Wirtschaft Bescheid wissen. Deren schlechter Zustand wurde damals ja sogar öffentlich triumphierend ausposaunt, weil man sich offenbar Illusionen über die Bewältigungskraft und Integrationsfähigkeit der eigenen Wirtschaftsweise machte (›blühende Landschaften‹).

3. Erst recht ist es eine Legende, dass der ominöse schlechte Zustand der DDR-Wirtschaft auf jeden Fall (›so oder so‹) den Untergang praktisch der gesamten ehemaligen Industriestruktur, Massenarbeitslosigkeit und die extreme soziale Spaltung in Arm und Reich hätte bringen müssen. Der schlechte ökonomische Zustand war kein absoluter, sondern ein relativer in der Konkurrenzsituation auf dem Weltmarkt.

Länder des Westens selber, z. B. Griechenland oder Portugal, standen und stehen weit schlechter da als die ehemalige DDR, ohne dass sie bis heute völlig zusammengebrochen wären. Es ist längst nachgewiesen, dass es der brachiale Anschluss an die BRD mit der Währungsunion war, der den völligen Zusammenbruch der Industrie herbeigeführt hat, und dass unter solchen Bedingungen auch die Industrie Österreichs oder Belgiens, vielleicht sogar Frankreichs zusammengebrochen wäre. Denn die unmittelbare Einbeziehung in das DM-Währungsgebiet ließ auf einen Schlag alle Kosten und Preise in DM erscheinen, ohne dass das Wirtschaftsgefälle (das auch innerhalb des Westens und nicht zuletzt innerhalb der EG selber existierte und existiert, nicht nur zwischen West- und Ostdeutschland) weiterhin durch den Wechselkurs abgemildert worden wäre.

Ihre Legende tut so, als gäbe es diese Zusammenhänge nicht, und als hätte alles so laufen müssen, wie es gelaufen ist, obwohl sich ursprünglich sogar die westdeutsche Bundesbank gegen die schnelle und unmittelbare Währungsunion ausgesprochen hatte. Sicherlich war es die Mehrheit der Ostdeutschen selber, die unbedingt die DM wollten, weil sie sich über die Konsequenzen nicht im klaren waren, und weil sie die eigene Wirtschaft direkt am benachbarten Weltmarktgewinner BRD gemessen haben, statt an den Wirtschaften anderer, weniger erfolgreicher westlicher Nationen.

Diese Legendenbildung jetzt noch aufrechtzuerhalten ist gerade deswegen infam, weil sie den Ostdeutschen nicht einmal die Erkenntnis zugestehen möchte, einen schweren Fehler und eine Fehleinschätzung begangen zu haben, sondern ihnen statt dessen die Legende der Unausweichlichkeit ihrer heutigen Misere aufzwingen möchte.

4. Ebenso ist es eine Legende, dass die Privatisierung in der bisher durchgeführten Art und Weise sich zwingend aus der Abschaffung der Industrieministerien und aus der Auflösung der Plankommission der alten DDR ergeben hätte oder aus der noch von der Volkskammer beschlossenen Gründung der Treuhandanstalt an sich folgen würde. Damit war keineswegs automatisch entschieden, welche Maßnahmen nun dabei im einzelnen zu treffen sein würden. Auch die westlichen Marktwirtschaften funktionieren nicht nach einem einheitlichen Schema, und die ostasiatischen neuen Industrieländer konkurrieren ebenso wie Japan mit ganz und gar nicht liberalen staatlichen Steuerungs- und Subventionsmaßnahmen, mit Wechselkursmanipulationen und Marktabschottung.

Anstatt sich darauf zu beziehen, werden die Utopien eines entfesselten totalen Marktes und hemmungsloser Privatisierung an wehrlosen Menschen ausprobiert. Nun wollen Sie mit Ihrer Legendenbildung davon ablenken, dass Sie persönlich es waren, die im Zeichen einer solchen marktradikalen Ideologie ohne Rücksicht auf die Realität, den Treuhandauftrag interpretiert und verfälscht haben im Sinne eines hemmungslosen Privatisierungsradikalismus, dessen Unseriosität sich heute immer deutlicher herausstellt.

Denn privatisiert wurde um der Privatisierung willen, also in ideologischer Verblendung, und weil dieser Kurs viel zu spät nur notgedrungen und halbherzig korrigiert wurde, deswegen wurde auch vielfach unseriös und mit viel zu schwachen Auflagen privatisiert. Jetzt stellt sich heraus, dass immer mehr Zusagen von den westlichen Aufkäufern nicht eingehalten werden, ja dass viele privatisierte Betriebe wieder zurückgegeben oder in die Liquidation geschickt werden. Was immer seine Fehler und Verbrechen waren, dafür trägt nicht der untergegangene Staatssozialismus die Verantwortung, und ebensowenig der Treuhandauftrag der alten Volkskammer an sich. Dafür ist einzig und allein Ihre ideologisierte radikale und realitätsblinde Privatisierungspolitik verantwortlich.

5. Geradezu lächerlich ist es schließlich, wenn Sie ›die 1992 einsetzende wirtschaftliche Rezession‹ im Westen für die heutigen Schwierigkeiten wie ein unvorhersehbares Naturereignis mitverantwortlich machen. War diese Rezession nicht seit langem absehbar, war sie nicht angelegt im ›Totrüsten‹ der Sowjetunion durch US-Präsident Reagan, wofür jetzt die ganze Welt den späten Preis zahlen muss?

Und merkwürdig: Warum war die Krise des Ostens ausschließlich durch die Fehler des staatssozialistischen Systems bedingt, während die jetzt sichtbar werdende Krise des Westens mit Abermillionen von Arbeitslosen, mit neuer Massenarmut, brutalem Sozialabbau, Strangulierung der kulturellen Leistungen usw. plötzlich gar nichts mehr mit Systemfehlern zu tun haben soll, sondern von ihnen so naturhaft und so schicksalhaft dargestellt wird wie ein Wirbelsturm über dem Atlantik?

Allzu durchsichtig wird hier gemogelt und mit zweierlei Maß gemessen. Warum soll es unmöglich sein, dass nach der Krise des Ostens jetzt die Krise des Westens kommt, und dass beide Systeme sich als gleichermaßen untauglich für die Bewältigung der Zukunftsaufgaben herausstellen könnten?

Einige Liberale sind bereits ahnungsvoll zu dem Schluss gekommen, dass der Zusammenbruch des Ostens auch den Westen grundlegend verändern wird. Wann werden Sie sich diesem Gedanken öffnen? Die Ostdeutschen erleben jetzt, dass durch die Entfesselung des Marktes der totalitäre Zwang der Staatsbürokratie nur durch den totalitären Zwang des Geldes abgelöst worden ist, der die ›individuellen Freiheitsrechte‹ für die Mehrzahl der Menschen zur Farce macht.

Solche Einsichten sind Ihnen, Frau Breuel, offensichtlich völlig fremd. Sie ziehen es stattdessen vor, uns mit historischen und ökonomischen Legenden zu überschütten. Aber so kurz kann das Gedächtnis der Menschen nicht sein. Wie Sie also die Verantwortung für Ihre Verantwortung tragen wollen, das würde ich gern erfahren und Millionen Entsetzte auch.

KÄTHE REICHEL, Bischofferode.«

# Die GRW-Kriminal-Posse

Roland Ernst wollte eben zu einer Familienfeier aufbrechen, als es klingelte. Sechs Herren in Zivil standen in der Tür und teilten ihm mit, dass er in eine Untersuchungshaftanstalt eingeliefert würde. Man karrte ihn von Heidelberg nach Bochum, sperrte ihn dort in die Ausnüchterungszelle des Polizeigefängnisses und nahm als erstes seine Fingerabdrücke. Später wurde er in die Justizvollzugsanstalt Essen verlegt. Die Anstaltskleidung, die man ihm über den Schalter schob, passte nicht. »Dein Problem, wenn du deine Wampe nicht in die Unterhose bringst«, schnauzte ein Aufseher.

Das Elend währte jedoch nicht lange, Roland Ernst ließ vier Millionen Euro Kaution auf das zuständige Konto überweisen. Dann konnte er wieder seine eigene Unterhose anziehen.

Das geschah in den letzten Märztagen des Jahres 2000. Wer indes glauben sollte, dass dies das fällige Nachspiel seiner Millionen-Manipulationen mit der Berliner Treuhandanstalt in den frühen 90er Jahren war, irrt gründlich. Nie hatte jemand erwogen, den Immobilien-Mogul zu belangen, weil er zahlreiche volkseigene Betriebe gnadenlos ausgeschlachtet und Tausende um ihre Arbeitsplätze gebracht hatte.

Das nämlich war nicht nur längst verjährt, sondern vor allem nicht strafbar. Eingesperrt hatte man ihn zehn Jahre später, weil er bei der Deutschen Bahn seine Treuhandtricks zu wiederholen versucht hatte. Aber die duldete derlei nicht, und die Staatsanwälte schickten ein halbes Dutzend Polizeibeamte, um ihn kurz vor einer Familienfeier zu verhaften.

Dabei waren die Versuche des Roland Ernst, Manager der Bahn für einen günstigen Auftrag zu bestechen, verglichen mit früheren Konspirationen bei der Abwicklung der DDR *peanuts*. Den wohl dreistesten Deal hatte er zusammen mit den Managern der Treuhand im Berliner Vorort Teltow inszeniert.

Diese Affäre wäre möglicherweise nie ans Licht der Öffentlichkeit gelangt, wenn nicht der *Spiegel*-Reporter Kampe auf so abenteuerlichen Umwegen an die Dokumente gelangt wäre, dass es sich für ihn lohnte, darüber ein Buch zu schreiben, dessen Absatz ihm einträglich erschien. Der Untertitel lautete: »Nachruf auf die Treuhand« und zitiert wird es hier nur, um eine Vorstellung zu vermitteln, wie es damals in der Treuhandanstalt zuging.

Kampe beschrieb detailliert, wie ihm ein Treuhandmanager den Vertrag zuspielte, der den Verkauf des Teltower Geräte- und Regler-Werkes (GRW) für eine einzige Mark an einen Strohmann namens Wisser besiegelte:

»Kurz vor 22 Uhr stand ich am Hinterausgang des alten Göringschen Luftfahrt-Ministeriums. [...] Dutzende mit prallen Aktenkoffern bewaffnete Manager schleppten sich zu dieser späten Stunde aus ihren Büros; die höheren Chargen wurden von ihren Fahrern und Dienstwagen erwartet.

Mit reichlicher Verspätung erschien dann auch mein Freund der freien Presse. Er griff mich am Ellbogen und schob mich weg zum Ausgang, sichtlich irritiert, wie viele seiner Kollegen um diese Zeit hier noch herumliefen. Die Idee, mit mir gesehen zu werden, behagte ihm ganz und gar nicht, und so überquerten wir im Eilschritt die Leipziger Straße und verschwanden in der schlecht beleuchteten Mauerstraße, die um diese Zeit menschenleer war. Dieser Teil des alten DDR-Regierungsviertels wirkte verlassen und unwirklich wie eine Geisterstadt, und das die ersten fünf Minuten füllende, nervöse, stoßweise Gerede meines neuen Partners, dass ihn ›das hier‹ den Job kosten könne, dass wir ›wirklich sehr, sehr vorsichtig‹ sein müssten, weil es sich um ›ein ganz großes Ding‹ handele, diente auch nicht gerade dazu, mich zu entspannen.

Plötzlich griff er in seine Jackettasche und zog einen dicken Briefumschlag heraus. ›Schnell stecken Sie das weg‹, sagte er, ohne stehenzubleiben, ›das ist der Kaufvertrag, steht alles drin, was Sie wissen müssen‹.«

So gelangte der *Spiegel* an einen der ersten Verträge, mit dem ein DDR-Großbetrieb für 1 DM verschenkt wurde.

Der möglicherweise anfangs noch skeptische Kampe begann zu recherchieren und lieferte seinem Magazin dann eine Story, die für Aufsehen sorgte und die Treuhand vorübergehend ins Schwitzen geraten ließ.

Als erstes tat Treuhandsprecher Wolf Schöde, was er während seiner Amtszeit immer in solchen Situationen getan hatte: Er wies die Vorwürfe, der Verkauf des GRW sei unseriös verlaufen, »mit aller Entschiedenheit« zurück und nannte sie »schlicht unlauter«.

Kampe später in seinem Buch: »Nach diesem hundertzwanzigprozentigen Dementi, das nur einen Schluss zuließ, nämlich dass der *Spiegel* eine dicke Ente produziert hätte, schloss Schöde diese erste Pressekonferenz zu GRW Teltow mit einer Volte, wie sie nur dieser Meister des dialektischen Selbst-Dialogs produzieren konnte: Träfe die Darstellung des Magazins allerdings zu, dann ›wird die Treuhand gegen den Vertrag vorgehen‹.«

Die *Frankfurter Rundschau* titelte: »Treuhand kann Mauschel-Vorwurf nicht entkräften. Krisensitzungen in der Berliner Behörde bringen bislang nur eine wachsweiche Stellungnahme zutage.«

Die Treuhandanstalt war in keiner beneidenswerten Lage. Finanzminister Theo Waigel hatte sich zu einer Pressekonferenz in Berlin angesagt, deren einziges Ziel darin bestand, das Ansehen der zunehmend in Verruf geratenden Treuhand aufzupolieren.

*Am Tor der Treuhand: Kranzniederlegung »Im Gedenken an vier Millionen Arbeitsplätze«, 1992*

Kampe: »Zwei Teile werde diese Pressekonferenz haben, begann Schöde, als die Kameraleute ihre gleißenden Scheinwerfer eingeschaltet hatten. Zuerst würde über die Gespräche der Frau Präsidentin und der Niederlassungsleiter mit dem Finanzminister berichtet. Dann erst, bitte erst danach im zweiten Teil, werde man ausführlich ›über die aktuellen Schlagzeilen‹ sprechen.

So geschah es denn auch. Waigel lobte die Treuhand. Er sei ganz beeindruckt von der effektiven und schwierigen Privatisierungsarbeit. Birgit Breuel lobte ihre Behörde, die aufopferungsvoll arbeitenden Niederlassungen und deren Leiter. Klinz lobte alle miteinander. Versuche einiger Journalisten, Waigel als obersten Dienstherren der Treuhand auf den merkwürdigen GRW-Verkauf anzusprechen, wehrte Schöde, wie ein knurrender Terrier dazwischenspringend, ab. ›Bitte, bitte, darüber sprechen wir nachher noch.‹ Trotzdem ließ sich Waigel zu der wagemutigen Aussage hinreißen, dass demnächst sicher Licht in diese Angelegenheit komme. […] Der Minister müsse leider jetzt gehen, unterbrach Schöde mit Blick auf die Uhr. ›Vielen Dank.‹

Was dann geschah, ließ ungläubiges Raunen durch den Saal gehen und mir den Unterkiefer auf die Brust fallen. Wie im Marionettentheater erhoben sich Waigel, Breuel, Klinz und die fünfzehn Niederlassungsleiter und stapften im Gänsemarsch durch einen Hinterausgang der Bühne von dannen.

Zurück blieb eine einzelne schmale Figur am Hinterende des großen Tisch-Hufeisens: Wolf Schöde. Im Alleingang wollte er, der Zauberlehrling, die große Flut aufhalten, die über der Treuhand zusammenzubrechen drohte. Diesen bisher größten Skandal der Treuhandgeschichte wollte er als mutiger Einzelkämpfer alleine aus der Welt schaffen.

Gegen die große Unruhe unter den versammelten Journalisten begann Schöde seinen Vortrag zum Verkauf der Geräte- und Reglerwerke Teltow. ›Der Kaufpreis von einer Mark, der die Gemüter so errege, sei gar nichts Ungewöhnliches in der Treuhand-Verkaufspraxis, vielmehr etwas ziemlich Normales.‹«

Diese Auskunft sollte als Beweisdokument zu den Treuhandakten genommen werden – wenn man denn eines Tages welche anlegen sollte –, zumal sich auch an diesem Beispiel belegen lässt, dass die DDR-Industrie keineswegs ein »Ein-Mark-Artikel« war.

Weiter in dem Report: »Das Unternehmenskonzept des Käufers Claus Wisser müsse als Ganzes betrachtet und bewertet werden. ›Wisser hat sich verpflichtet, das Unternehmen in seinem Kerngeschäft, soweit es sanierungsfähig ist, weiterzuführen. Wisser hat sich verpflichtet, 1.500 Arbeitsplätze zu schaffen, er hat sich verpflichtet, 120 Millionen Mark selbst oder durch Dritte investieren zu lassen. Wisser hat sich auch verpflichtet, Lasten, die das Unternehmen hat, auf seine Schultern zu packen. Das heißt, wir – die Treuhand – sind frei von Lasten.‹«

Wo war dieser Claus Wisser?

In Teltow jedenfalls nicht.

Am 18. Dezember 2007 druckte *Bild* (Ausgabe Frankfurt am Main) eine Story mit der Dachzeile »Die Macher aus dem Mittelstand: ›Ich war Putzmann. Heute habe ich 22.000 Mitarbeiter.‹« Die Serie war verziert mit der Zeile: »Vom Tellerwäscher zum Millionär«.

*Bild* fragte den Millionär auch nach seinen Erfahrungen mit Banken, und Wisser antwortete: »Ich war immer ehrlich und bin immer fair behandelt worden.«

Offiziell wurde das GRW an die Firma Clawis verkauft. Als der Deal zustandekam, war die noch nicht einmal im Handelsregister Coburg eingetragen. Das geschahe erst später.

Clawis stand für Claus Wisser.

»Damals gehörten dem in Frankfurt Textilfabriken, Großwäschereien, Gebäudereinigungsbetriebe und eine Menge Mietshäuser. Wisser kauft schon seit Jahren im Westen Firmen mit gutem Grundbesitz zusammen. In der ehemaligen DDR scheint er ähnliche Pläne zu verfolgen. Wisser arbeitet im Osten eng mit der Roland-Ernst-Gruppe zusammen, einer Bauträger- und Immobilienfirma aus Heidelberg. Der Gruppe gehört in Teltow bereits der größte Teil aller Gewerbegrundstücke.

Viel Geld haben Wisser und sein Partner Ernst für ihr Geschäft in Teltow nicht gebraucht – nicht 100 Millionen und nicht die 38 Millionen Mark, die Lang von den interessierten

Mittelständlern bekommen hätte. Lang verkaufte die GRW für eine Mark.

Das sei völlig in Ordnung, fanden Treuhand-Direktor Lang und sein Vorstand Klinz. Entscheidend sei der ›wirtschaftliche Kaufpreis‹. Der liege höher, weil der Käufer Verbindlichkeiten der GRW von rund 120 Millionen Mark übernehme.

Die Behauptung lag, wie sich inzwischen herausstellt, weit neben der Wahrheit. Die Altschulden des Unternehmens nämlich blieben nicht in der DM-Eröffnungsbilanz vom Juli 1990 stehen – laut Kaufvertrag übernimmt die Treuhand die Altschulden in Höhe von 213,7 Millionen Mark. Wisser erhält ein praktisch schuldenfreies Unternehmen.

Wirtschaftsprüfer ermittelten für die GRW einen Wert von 73 Millionen Mark. Allein das Firmengelände am Rande Berlins wurde auf 54 Milionen Mark taxiert. Seit Lang und Klinz die Firma für eine Mark verramschten, hat das Unternehmen noch an Wert gewonnen. Das Fimengelände am Rande Berlins, urteilt ein Wirtschaftsprüfer, müsse nach dem Hauptstadtbeschluss deutlich höher bewertet werden. Vielfach liegen die Marktpreise heute dreimal höher als die Mitte 1990 eingesetzten Werte.

Die Treuhand hätte ein neues Gutachten über den Verkehrswert des Betriebsgeländes einholen müssen. Direktor Lang habe zweifellos Volksvermögen verschleudert, sagt ein Wirtschaftsprüfer: ›Wenn ein Quadratmeter Industriegelände in Top-Lage billiger ist als ein Quadratmeter guter Wollteppich, dann ist was faul.‹

Wertsteigernd für die GRW wirken nicht nur die Grundstückspreise. Die Rückstellungen – etwa für Sozialpläne – waren mit 77 Millionen Mark viel zu hoch angesetzt. Im Frühjahr reduzierte die Geschäftsleitung die Rückstellungen um 46 Millionen Mark. Bilanztechnisch erhöhte sich das Eigenkapital dadurch von 73 Millionen auf 119 Millionen Mark.

Obendrauf kamen noch ein paar weitere Millionen: Die Außenstände von 56 Millionen Mark waren in der Bilanz nur mit 18 Millionen verbucht. Doch so viele Abnehmer sind nicht zahlungsunfähig geworden. Mittlerweile ist sicher, dass nicht 18, sondern mindestens 27 Millionen Mark an Forderungen hereinkommen werden.

Wisser hat somit, alles in allem, ein Unternehmen im Wert von 130 Millionen für eine Mark übernommen. Dabei ist noch nicht einmal das inzwischen wertvoller gewordene Grundstück berücksichtigt.

Wissers Steuerberater, der seit Wochen die GRW-Bücher studiert, ›hüpfte angesichts der Zahlen vor Freude auf dem Stuhl‹, berichtet ein Mitarbeiter.

Die Beschäftigten in Teltow dagegen haben wenig Grund zur Freude. Die Investitions- und Beschäftigungsgarantie, die Clawis im Vertrag mit der Treuhand unterschrieben hat, kann ihnen die Existenzsorgen nicht nehmen.

Die Firma Clawis verspricht, in den nächsten zwei Jahren mindestens 120 Millionen Mark zu investieren. Diese Summe, so heißt es nebulös, werde eingesetzt, ›um die Wirtschaftskraft der Region Potsdam/Berlin zu stärken und zukunftssicher zu gestalten.‹

Die Formulierung ist genau zugeschnitten auf die Geschäfte des Roland Ernst. Er legt Gewerbeparks an und investiert in Infrastruktur und Gebäude. Das ist kein industrielles Konzept, aber ein sicheres Geschäft. Jede Bank gibt dem Käufer genügend Kredit, um die Fläche, die er für eine Mark erworben hat, zu bebauen. Die fertigen Gebäude lassen sich für ein Vielfaches verkaufen oder verpachten.

Die Teltower Mittelständler haben in diesem Konzept keinen Platz. Freimütig heißt es in den Prospekten der Ernst-Gruppe: ›Als Mieter kommen nur führende Unternehmen aus Industrie und Handel sowie Körperschaften des Öffentlichen Rechts in Betracht.‹

Die Facharbeiter, die bislang in Teltow beschäftigt waren, werden nicht mehr gebraucht. Die Clawis garantiert zwar, dass sie ›oder von ihr hierzu veranlasste Dritte‹ bis Ende 1993 auf dem GRW-Gelände ›mindestens 1.500 Arbeitnehmer‹ beschäftigt. Eine Verpflichtung aber, GRW-Arbeiter zu übernehmen, gibt es nicht.

Völlig wirkungslos wird diese Arbeitsplatz-Garantie durch einen absurden Zusatz: Als Vollzeitarbeitsplätze zählen auch Arbeitnehmer in Beschäftigungs- und Qualifizierungsgesellschaften. Der neue Eigentümer könnte also alle bisherigen Arbeitnehmer entlassen und 1.500 Hilfskräfte in einer Beschäftigungsgesellschaft zusammenfassen – da zahlt die Nürnberger Bundesanstalt für Arbeit. [...]«

Am 15. Mai 2002 wurde Roland Ernst vom Bochumer Landgericht zu dreieinhalb Jahren Haft verurteilt. Die Richter hielten ihn der Untreue, Bestechung und Beihilfe zur Steuerhinterziehung für schuldig. Ernst hatte im Prozess gestanden, Scheinbelege geschrieben zu haben, um zwei Manager der Deutschen Bahn zwischen 1996 und 1999 mit rund fünf Millionen Mark (2,54 Millionen Euro) bestechen zu können. Im Gegenzug hatte der Unternehmer Zusagen für lukrative Bauprojekte in verschiedenen Städten erhalten. Die *Berliner Zeitung* schrieb: »Allein in Berlin hat er Projekte mit einem Volumen von mehr als 1,2 Milliarden Euro angestoßen. Dazu zählen einige der bekanntesten Neubauten wie das Quartier 207 an der Friedrichstraße mit dem Kaufhaus Lafayette oder der gigantische Bürokomplex Treptowers. Und natürlich sein liebstes Kind, die Hackeschen Höfe, in denen der Baulöwe sich auch persönlich eine Wohnung gesichert hat.«

Es gehört keine Phantasie dazu, zu vermuten, dass er den größten Teil seines Vermögens den Treuhandgeschäften verdankte. Bereits 1997 hatte ihn das Landgericht Stuttgart zu einer Geldstrafe von 630.000 Mark verurteilt, weil er bei einem Strohmanngeschäft zwischen der Stuttgarter Südmilch AG und der später bankrott gegangenen Sachsenmilch den Vermittler gespielt hatte. Durch den Deal waren Millionenverluste vom Westen in den Osten verschoben worden – den Schaden hatten die ostdeutschen Sachsenmilch-Aktionäre. Auch in diesem Fall dürfte der Ursprung bei Treuhandgeschäften gelegen haben. Dass Ernst die Strafsumme nicht ruinierte, ließ ahnen, wie groß seine Gewinne gewesen waren.

Natürlich legte Ernst Revision gegen das Bochumer Urteil ein, die der Bundesgerichtshof prompt akzeptierte. Am 10. August 2004 hob das Bochumer Gericht das Urteil auf, verhängte 21 Monate auf Bewährung und 100.000 Euro Geldstrafe. Ernst war inzwischen in der Firma eines Sohnes tätig, Monatsgehalt 5.000 Euro. In Teltow und Umgebung sind solche Gehälter selten.

Am 11. März 2007 war Ernst in Heidelberg eingeladen, über ›Erlebte Geschichte – erzählt‹ zu plaudern.

Und seine Partner von damals, die in den Büros der Treuhand saßen? Wo sind die geblieben?

Wolf Klinz zum Beispiel sitzt als Abgeordneter der FDP im Bundestag und dient dort dem deutschen Volk. Und auf seiner Internetseite kann man lesen: ›Erfahrungen an der Schnittstelle zwischen Wirtschaft und Politik erwarb sich Wolf Klinz als Vorstand der Treuhandanstalt Berlin (1990-1994). [...] Sein Einsatz ist durch verschiedene Auszeichnungen belohnt worden.‹

Schopenhauer schrieb einmal: ›Orden sind Wechselbriefe, gezogen auf die öffentliche Meinung. Ihr Wert beruht auf dem Kredit des Ausstellers.‹«

# Der letzte Flug

Einer der härtesten Treuhandtiefschläge beseitigte die Fluggesellschaft *Interflug*. Dabei mochte man anfangs glauben, die Direktoren der *Lufthansa* (West) und der *Interflug* (Ost) würden schon bei ihren ersten Begegnungen auf roten Teppichen vor laufenden Fernsehkameras Brüderschaft trinken. Man sang gemeinsam das Hohelied der künftig vereint am Himmel kreisenden deutschen Passagierflieger und schien sich nur über einige Modalitäten am ersten Tag noch nicht restlos klar zu werden. Dann kühlte das Verhältnis jedoch schnell ab, und in den letzten Wochen vor jenem zweiten Februarfreitag 1991, an dem die Treuhand die *Interflug*-Geschäftsführung in die City bestellte, um ihr zu eröffnen, dass die Liquidation veranlasst worden sei, lieferten sich beide Unternehmen Grabenkämpfe mit hoher Intensität.

Die Lufthansa hatte von vornherein die besseren Karten und *Interflug* demzufolge bei allem Eifer keine Chance, in dem Spiel auch nur einen Stich zu gewinnen.

Als erstes »erwarb« die Lufthansa die Flugzeugwerft in Schönefeld, um künftig einen Teil ihrer Maschinen dort billiger warten zulassen. Die Ostlöhne garantierten fast 50 Prozent »Rabatt« im Vergleich zu den altbundesdeutschen Tarifen.

Eines Tages erschien unvermittelt das enormen Diensteifer bekundende Bundesluftfahrtamt auf der Bildfläche und ließ die Öffentlichkeit wissen, man werde die *Interflug* vermutlich daran hindern müssen, sich weiter ihrer Airbusse A 310 zu bedienen, da es ihr an ausgebildeten Technikern mangele. Das wurde Journalisten in einer Weise mitgeteilt, dass deren Berichte potente Interflugbenutzer in hohem Maße verunsichern mussten. Wer fliegt schon gelassen mit einer Gesellschaft, die verdächtigt wird, nicht genug für die Sicherheit ihrer Passagiere tun zu können?

Ein Startverbot für die Großraumflugzeuge hätte wirtschaftlich das Aus für *Interflug* bedeutet. Als jedoch der so mitteilungsfreudige Bundesluftfahrtkontrolleur bei der *Interflug* erschien, um die tatsächliche Situation mit der zu vergleichen, die er den Medien vermittelt hatte, präsentierte ihm die Fluggesellschaft eine von der Kopfzahl und der Qualifikation her haargenau den Vorschriften entsprechende Airbus-Wartungsmannschaft. Man hörte nie wieder von einem Startverbot für die Jumbos und musste vermuten, dass sich das Bundesluftfahrtamt nicht ein zweites Mal von der Treuhand durch eine irreführende Anzeige in eine peinliche Situation bringen lassen wollte.

Der ob seiner Sachlichkeit von allen Verhandlungspartnern geschätzte Geschäftsführer des Interflug-Verkehrsbetriebes und der Technik, Dr. Bergner, konnte mühelos nachweisen, dass *Interflug* der Treuhand ein tragfähiges und erfolgversprechendes Konzept vorgelegt hatte: Der Riesenbetrieb war »entflochten«, das – wie der Fachmann formuliert – Fluggerät den neuen Bedingungen angepasst und die Streckenplanung »rationalisiert« worden. Zwar mühten sich Blätter wie die *Frankfurter Allgemeine Zeitung* der Treuhand Sekundantendienste zu leisten, indem sie die Behauptung verbreitete, *Interflug* habe »riesige Verluste« zu beklagen, doch wiesen die *Interflug*-Bilanzen für das erste Halbjahr 1990 einen sensationell zu nennenden Gewinn von 100 Millionen Mark aus, der nur durch die Währungsunion arg reduziert wurde.

Immerhin: Größere Fluggesellschaften flogen zur gleichen Zeit nur mehr durch Wolken roter Zahlen. Zunehmend dank der Treuhandoperationen von Negativwerbung begleitet, schaffte die *Interflug* dennoch das Kunststück, selbst im dritten Quartal ohne Verlust zu bleiben. Im vierten Quartal hatten alle Flug-Gesellschaften in ihren Bilanzen mit den Folgen des Golfkonflikts zu leben, es gab keine, die nicht mit Minus abschloss. Die Interflug nahm einen Kredit in einstelliger Millionenhöhe auf – ein besseres Taschengeld in dieser Branche.

Die *Frankfurter Rundschau* klärte ihre Leser am 7. Dezember 1990 mit einem längeren Beitrag über die aktuelle Situation auf und verkündete schon in den Schlagzeilen: »Im Kampf um *Interflug* werden härtere Bandagen angelegt – Interesse der Lufthansa liegt vor allem in der Abwehr möglicher Konkurrenten um die begehrten Landerechte.«

*Gemeinsame Pressekonferenz der Interflug und der Deutschen
Lufthansa AG in Berlin, 19. Januar 1989.
Dr. Klaus Henkes (stehend) und Heinz Ruhnau erklären, dass
»in enger Zusammenarbeit« in Berlin-Schönefeld ein »Großflug-
hafen« entstehen solle*

Damit war zugleich enthüllt, womit sich die Treuhand
befasste.

Durch den sogenannten Einigungsvertrag war die *Interflug*
juristisch Bundeseigentum geworden, was dazu führte, dass
bereits am 2. Oktober 1990 im Bonner Verkehrsministerium
ein *Interflug*-Gutachten in Auftrag gegeben wurde.

Staatssekretär Knittel, Ministerialdirigent Kappel, die
Regierungsdirektoren Bartkowski, Mürl und Krieg sowie Dr.
Hardrys von der Treuhandanstalt brachten eine Analyse zu
Papier, die nicht sonderlich vertraulich behandelt wurde, demzufolge bald in Redaktionsstuben auftauchte und besagte: »Die
vorgelegte IF-Ausarbeitung zeigt, dass *Interflug* nur vorübergehend in der Umstellungsphase in die roten Zahlen
kommt und zu keinem Zeitpunkt illiquide ist. Dies bedeutet,
dass *Interflug* […] kein Subventionsfall ist und daher gute
Überlebenschancen hat. Die Treuhand hat daher keine Hand-
habe, die *Interflug* zu liquidieren. Im Gegenteil, die THA

(Treuhandanstalt) hat die Aufgabe, das ihr anvertraute Vermögen im Interesse des Bundes und des Steuerzahlers zu bewahren und durch Sanierung zu mehren.«

Die Autoren wussten offensichtlich um die Aufgaben eines Treuhänders und wählten so unmissverständliche Worte, weil sie davon ausgingen, dass Bundesvermögen zu verwalten war.

Die Treuhand aber flog nach anderen Karten. Ihr *Interflug*-Konzept enthielt eine »Ankündigung« – dieser Begriff ist wichtig, weil er später von vielen als »Entscheidung« ausgegeben wurde – des Bundeskartellamtes, wonach eine Vereinigung von Lufthansa und Interflug »Marktgesetze« verletzen könnte und deshalb sorgfältig geprüft werden müsse. Dr. Bergner: »Wir haben unterstellt, dass eine zweite deutsche Linienfluggesellschaft nicht eine staatliche sein kann. Es bestand die Absicht bei Berliner Banken, sich an einem Konsortium zu beteiligen, das die *Interflug* hätte übernehmen können. Die Banken waren daran interessiert, mindestens 60 Prozent der *Interflug*-Anteile zu erwerben. Voraussetzung dafür wäre aber gewesen, dass die Entscheidung zur Privatisierung gefallen wäre.«

Privatisierung? Lautete nicht die Losung der Treuhand: »Privatisierung vor Sanierung!«? In diesem Fall aber galt es, sich ausländische Konkurrenz vom Halse zu halten, die auch interessiert war, weil die Interflug die besten Abflugzeiten (Slots) in Schönefeld zu offerieren hatte und den hoffnungslos überfüllten Flughafen Tegel mühelos ausstechen konnte.

*Heinz Ruhnau (l.) und Dr. Andreas Kramer, neuer Hauptgeschäftsführer der Interflug, signieren eine Kooperationsvereinbarung, 6. Juli 1990*

Das Gerangel um die Interflug tangierte

in starkem Maße die internationale Tourismusbranche. Kein Wunder, dass sich das in Mainz erscheinende Fachblatt *Tourismus-Report* der Sache mit großem Eifer annahm und am 28. März eine aufschlussreiche Untersuchung publizierte: »Es liegt in der Natur der Sache, dass Liquidatoren eine begrenzte Amtszeit haben. Einen Kurzzeitrekord hält aber möglicherweise Rechtsanwalt Eckhart Müller-Heydenreich aus München, der zum 1. März als Liquidator der *Interflug* bestellt wurde. Am 5. März verkündete er noch auf der ITB (Internationale Tourismus-Börse), dass es nach seinen Berechnungen für *Interflug* am wirtschaftlichsten sei, wenn sie noch bis Oktober weiterfliege, allerdings mit reduziertem Programm. Auch Gespräche zur möglichen Übernahme der Airline schloss er nicht aus.

Die Treuhand dementierte, und der Liquidator durfte seinen Hut nehmen. Sein Nachfolger, der Heidelberger Rechtsanwalt Jobst Welle (*gemeint ist Wellensiek – K. H.*), wurde mit der Überführung von Interflug in eine Qualifizierungs- und Beschäftigungsgesellschaft beauftragt. Sein Ziel sei es, erklärte er, die Vorgänge um die *Interflug*, die zu einem Politikum eskaliert seien, einer Lösung zuzuführen, die auch die Arbeitnehmer zufriedenstelle. […]

Von einer wettbewerbsverzerrenden Verkehrspolitik zugunsten der Lufthansa spricht Albrecht W. Meyer. Der Finanz- und Beteiligungsmakler ist Konsortialführer einer Gruppe Unternehmen, die *Interflug* übernehmen wollen. Er hat eine einstweilige Verfügung beantragt, um die Liquidation auszusetzen.

Seit Monaten bemüht sich Meyer um die *Interflug*. Sein erstes Angebot datiert vom 9. Januar, die Treuhand reagierte nicht darauf. Zu einem zweiten modifizierten Angebot gab es ebenfalls keine Stellungnahme.

Nachdem seine Unternehmensgruppe beim Bundeskartellamt, beim Bundeswirtschaftsministerium und beim Bundeskanzleramt vorgesprochen hatte, kam ein Gespräch mit dem von der Treuhand autorisierten Rechtsanwalt Krüger in Düsseldorf zustande. Hauptgesprächsgegenstand war Krügers Erstaunen, dass überhaupt jemand die *Interflug* kaufen wolle, da diese total bankrott und politisch so belastet sei, dass sich ein anständiger Kaufmann nicht mit ihr liieren könne. Er empfahl, das Geld lieber zu verbrennen, da habe man wenigstens noch

Freude an der Flamme.« Am 4. Februar fand dieses Gespräch statt, am 5. Februar forderte Krüger Meyer auf, seine Angebote einzureichen, was dieser sogleich zusagte, aber am 6. Februar teilte Peter Rupp von der Treuhandanstalt mit, dass die geforderten Unterlagen nicht eingegangen seien und er die Gespräche als beendet betrachte.

Peter Rupp stammte aus Oelsnitz, war 1949 – wie es hieß – vor der »drohenden Verhaftung« nach Westberlin »geflohen« und hatte in Australien seine Karriere in der Autobranche begonnen. Sie führte ihn durch die halbe Welt und endete für den knapp 60jährigen in der Treuhand. Der 2003 nach schwerer Krankheit Verstorbene hatte maßgeblichen Anteil an dem zügigen Liquidationsbeschluss für die *Interflug*.

Meyer aber mochte nicht glauben, dass sich die unseriöse Praxis der Treuhand durchsetzen sollte und sandte zwei weitere Angebote. Am 8. März sollte es tatsächlich zu Übernahme- und Verkaufsverhandlungen mit dem Liquidator Müller-Heydenreich kommen. Meyers Pech: Der war am 7. März um 14.00 Uhr fristlos entlassen worden!

Zu Meyers interessiertem Konsortium gehörten die renommierte irische Flug-Gesellschaft *Air Lingus*, die österreichische Creditanstalt-Bankverein und die asiatische Nobel-Airline *Cathay Pacific*. Bald darauf ging bei der Treuhand ein weiteres Angebot ein. Es kam von der der US-Firmengruppe *Wimco International*. Es war mit einer finanziellen Offerte verküpft, die die Übernahme des Linien- und Charterverkehrs der *Interflug* GmbH sicherte und obendrein die Erweiterung des Flugverkehrs durch Einbringung weiteren Kapitals garantierte. *Wimco* hatte eine Absichtserklärung eingereicht Aktienkapital in Höhe von 200 Millionen US Dollar in eine zu bildende Interflug AG einzubringen.

Durch einen Zufall war die Direktorin für Marketing der Interflug GmbH, Dr. Petra Leuschner, in eine Verkaufsverhandlung der Treuhand geraten. Fassungslos berichtete sie danach in Schönefeld, dass die hochbezahlten Treuhand-Verkäufer ihre Aufgabe vornehmlich darin gesehen hatten, die britische Interessengruppe über den angeblich fatalen Zustand der Fluggesellschaft zu informieren. Am 15. März hatte der neue Liquidator die Feststellung getroffen, dass das Unterneh-

# INTERFLUG FLIEGT WEITER!

*Trotziger Protest auf einem Sticker, 1991. Der Vorstandsvorsitzende der Lufthansa AG, Heinz Ruhnau, hatte vor Jahresfrist noch erklärt: »Wir brauchen nicht nach Berlin zu gehen. Wir sind schon da.« Daraus schlossen die Mitarbeiter der Interflug irrtümlich, dass damit sie gemeint seien*

men nicht zu verkaufen sei. Man erinnert sich: Sein Vorgänger war – weil anderer Ansicht – am Mittag des 7. März gefeuert worden. Der neue Liquidator hatte sich seine Meinung in der Rekordzeit von sieben Kalendertagen gebildet!

Verzweifelt mühte sich die Treuhand um ihr in diesem Fall vor aller Öffentlichkeit lädiertes Image und versicherte sich einmal mehr der Hilfe solcher Blätter wie der *FAZ* versichernd: »Sicherlich, so muß man auch bei der Treuhand einräumen, wäre noch im November eine andere Lösung als die jetzt notwendig gewordene Abwicklung der Fluggesellschaft möglich gewesen. […] Doch damals hatte das Bundeskartellamt den Einstieg der Lufthansa mit aller Entschiedenheit abgelehnt.«

Das traf – wie man weiss – nicht zu. Das Bundeskartellamt hatte ausdrücklich auf die Möglichkeit einer Ministerentscheidung verwiesen. Bundesminister für Verkehr war Günther Krause, CDU-Aufsteiger und Mitautor des Einigungsvertrages.

Auch ein anderes von der *Frankfurter Allgemeinen Zeitung* publiziertes »Argument« erwies sich als absurd: »Allein die vorhandenen Kredite in Höhe von noch 350 Millionen DM, die für den Erwerb der drei Airbus-Maschinen aufgenommen worden waren, verursachen jährliche Zinsbelastungen von 25 Millionen DM.«

Die *FAZ* zeigte sich desinteressiert herauszufinden, wohin die Maschinen nach der Liquidation gerieten und wer demzufolge die Zinsen zahlte?

Die Antwort lautete: Die Maschinen wurden von der deutschen Bundeswehr übernommen, die Zinszahlung demzufolge von der Bundesregierung, dem obersten Dienstherrn der Treuhand beglichen.

So nahmen die Dinge ihren kommandierten Verlauf. Am 30. April 1991 verlas Liquidator Wellensiek in Schönefeld vor der Presse eine Fünf-Punkte-Erklärung, in der die Einstellung des Flugbetriebs verkündet wurde. Als man ihm Fragen zur undurchsichtigen Vorgeschichte dieser Entscheidung stellen wollte, hob er die Schultern; er sei erst knapp zwei Monate im Amt und über die Tätigkeit seiner Vorgänger nicht informiert.

Den letzten Linienflug der *Interflug* startete Flugkapitän Klaus Petzold um 17.15 Uhr nach Wien. Dort fand die offizielle »Trauerfeier« statt: Der Vorstandsvorsitzende der Flughafen Wien GmbH, Dr. Kastellik, erinnerte daran, dass die Interflug im Jahr 1990 immerhin 28.000 Passagiere von und nach Wien befördert hatte und dass mit diesem letzten Flug ein absolut zuverlässiges Luftverkehrsunternehmen vom Markt verschwinde. Auch der Betriebsratsvorsitzende der *Interflug*, Siegfried Suchowski, ergriff das Wort und sprach Klartext: Alle Versuche der Gesellschaft, in der Marktwirtschaft Fuß zu fassen, seien vereitelt worden.

Um 19.43 Uhr kehrte die Maschine vom Typ TU 134 A nach Berlin zurück. Klaus Petzold landete sie sicher – und mit Tränen in den Augen.

Was Rechtsanwalt Krüger als einziger so deutlich formuliert hatte, vollendete sich in dieser Minute: Mit der Interflug war ein weiteres Stück DDR beseitigt worden! Alle Protestdemonstrationen – eine hatten die Betroffenen sogar im Flugzeug nach Bonn unternommen –, Verhandlungen und Konzepte waren letztlich vergeudete Mühen gewesen. Das Todesurteil hatte man in Bonn gesprochen und war bei der Vollstreckung nur ein wenig in Zeitverzug geraten, weil sie nach außen hin zu sehr mit »Aufschwung Ost« und anderen Losungen kollidierte. Zudem waren auch Wahltermine zu berücksichtigen.

Im Großen Buch der *Interflug*, 2007 im Verlag Das Neue Berlin erschienen, veröffentlichte Frank Schumann seine Recherche-Ergebnisse über den Verbleib der die *Interflug* betreffenden Unterlagen. Denn diese hätten Aufschluss geben können, was seinerzeit bei der »Abwicklung« tatsächlich gelaufen ist. Doch diese Unterlagen waren, wen wundert's, wie viele andere nicht auffindbar. Ihr Verschwinden, vor allem die Art ihres Verschwindens, können als Indiz dafür gelten, dass es bei diesem Vorgang »Unregelmäßigkeiten« gab. Schumann berichtete: »Beteiligte und Betroffene meinen, bei der Abwicklung der *Interflug* sei es nicht mit rechten Dingen zugegangen. Der *Tagesspiegel*-Redakteur Robert Ide behauptet gar in seinem bei Luchterhand erschienenen Buch ›Geteilte Träume. Meine Eltern, die Wende und ich‹: ›Das Aus für den Staatsflieger beendete einen Wirtschaftskrimi, der heute beispielhaft für die Sanierungspolitik der Treuhandanstalt steht.‹

Dem ist bis auf eine Einschränkung zuzustimmen: Der Wirtschaftskrimi ging 1991 keineswegs zu Ende.

Stellen wir zum Beispiel mal die Frage nach den Unterlagen. Wo sind die Akten, mit denen entweder die erhobenen Vorwürfe – im Interesse der Verdächtigten – als unwahr abgewiesen oder eben diese Anschuldigungen als richtig bestätigt werden könnten? Treffen sie nämlich zu, dann müsste der Staatsanwalt auf den Plan treten – sofern die Delikte nicht schon verjährt sind.

Unter dem Dach des Bundesarchivs sind alle relevanten DDR-Akten versammelt, und eigentlich gehörten dort auch die der Deutschen Lufthansa (Ost), der *Interflug*, der Hauptverwaltung Zivile Luftfahrt (HVZL), der Staatlichen Luftfahrtinspektion, der Prüfstelle für Luftfahrtgeräte (PfL) und der Luftfahrtindustrie hin. Da aber sind sie nicht. Im BArch Berlin, im Referat DDR 1, sind neben anderen Dokumenten die des Verkehrswesens, Bereich Zivilluftfahrt, archiviert. Allerdings lediglich jene aus dem Büro von Klaus Henkes, und auch nur deshalb, weil der *Interflug*-Chef zugleich Stellvertretender DDR-Verkehrsminister war. Ansonsten gibt es Nachlässe, etwa den von Arhur Pieck, wo sich dies und das entdecken lässt. Ein Findbuch gibt in dieser Sache jedenfalls Auskunft. Und dass man mit dem, was man hat, nicht zufrieden ist, wird in einer auf Nachfrage abgegebenen privaten Erklärung der zuständigen Referatsleiterin deutlich, welche die Bundesbehörden eigene Zurückhaltung keineswegs unterdrückt: ›Das Bundesarchiv bemühte sich seit 1991 um die Übernahme der Unterlagen der *Interflug*.«

Man habe, wie zu hören war, sich an den Liquidator wie auch an den Treuhandnachfolger, die Bundesanstalt für vereinigungsbedingte Sonderaufgaben, kurz BvS, gewandt. Der Liquidator zog sich auf die Formel zurück, die *Interflug* sei eine GmbH gewesen, also ein privatwirtschaftliches und mithin kein Staats- oder volkseigenes Unternehmen, folglich habe eine Pflicht zur gesetztlich vorgeschriebenen Abgabe der Akten ans Bundesarchiv nicht bestanden.

Diese Lesart übernahmen auch andere. So heißt es aus dem Bundesarchiv offiziell: ›»Mit der Ausgründung der Flughafen Berlin-Schönefeld GmbH (FBS) aus der Interflug GmbH hat die FBS auch das Eigentum an den Unterlagen erworben, so dass Verhandlungen des Bundesarchivs fortan mit der FBS bzw. mit der von ihr beauftragten BSV Verwaltungsgesellschaft mbH liefen. Das Interesse des BArch richtete sich dabei ausschließlich auf Unterlagen mit historischer Aussage.‹

Daran ist kein Zweifel, wie auch nicht der ehrliche Ehrgeiz des Bundesarchivs in Abrede gestellt sein soll. Doch es darf laut gefragt werden, wieso eine GmbH Eigentümer der Akten eines DDR-Staatsunternehmens sein kann?

Die fraglichen Akten, so ist zu vermuten, befinden sich in Schönefeld im Keller des Block A, wo einst die Generaldirektion der *Interflug* und die Hauptverwaltung für Zivile Luftfahrt residierte.

Niemand hat dort Zugang. Der Hüter der Papiere geht demnächst in Rente. Womit dann wohl auch der letzte Mitwisser dahin ist, der die umlaufenden Gerüchte bestätigen oder dementieren könnte, dass nach der Jahrtausendwende aus diesem Bestand Akten entfernt bzw. vernichtet worden seien. Doch vermutlich wird man auch ihm eine Schweigeverpflichtung abtrotzen wie etwa dem einstigen Hauptbuchhalter W. K. der *Interflug* i. L., dem am 30. Juni 2000 die Bankvollmacht von der BvS entzogen worden war. Dem Vernehmen nach soll auf dem letzten Auszug der Commerzbank ein zweistelliger

Millionenbetrag gestanden haben. Das können zehn oder 99 Millionen DM oder etwas dazwischen gewesen sein. Über die Höhe darf man nun ebenso spekulieren wie über den Verbleib der Barschaft.

Sechs Millionen, so heißt es, habe auf jeden Fall der Liquidator aus Heidelberg erhalten, das sei nicht übermäßig viel, sieht man die Spanne zwischen Frühjahr 1991 und Sommer 2000, als auf Veranlassung der BvS die Liquidation unangekündigt abgebrochen wurde. Eine gewisse Hast scheint dabei obwaltet zu haben, denn die beiden letzten verbliebenen Mitarbeiter der Interflug GmbH i. L. erhielten noch nicht einmal eine Kündigung. Vielleicht hätten sie lästige Fragen gestellt, etwa wieviel man für Namen und Logo eingestrichen hatte und wohin nun dieses Geld wieder geflossen sei.

Denn wie *Bild* am 16. März 2004 berichtete, hatte man an einen Kemal Atakan in Hamburg beides vor geraumer Zeit verscheuert: ›Ich fand es schade, daß der Name verschwand‹, so Atakan. 1995 hat er seine Firma gegründet. Lange Verhandlungen mit Treuhand und Markenrechtehändlern waren nötig, bis Atakan im Juli 2002 die Namensrechte der *Interflug* erhielt (Preis geheim).‹

Nicht nur der Preis, auch vieles andere ist unverändert geheim.

Der erste Liquidator, Rechtsanwalt Eckhart Müller-Heydenreich aus München, teilte mir am 17. Juli 2007 auf Anfrage bedauernd mit, er habe in seinem Archiv nichts mehr über den Fall, zumal er ›nur für einen sehr kurzen Zeitraum Liquidator der *Interflug*‹ gewesen sei. Weitaus wichtiger allerdings als diese keineswegs unerwartete Auskunft sind die nachfolgenden Sätze: ›Aufgrund von mündlichen Informationen aus dem Führungsbereich der Treuhandanstalt gehe ich davon aus, dass ich aufgrund einer Intervention des Vorstandsvorsitzenden der Lufthansa abberufen wurde, die eine sofortige Einstellung des gesamten Flugbetriebes wünschte und über politische Kanäle betrieb, während ich mich dafür einsetzte, dass der Betrieb nicht in vollem Umfang eingestellt wurde, sondern nur insoweit, als dies aus Rentabilitätsgründen notwendig war. Diese meine Einstellung beruhte auf mündlichen Vorgaben der Treuhandanstalt, die ich ernstnahm, die entweder nicht ernsthaft gewollt waren oder aber nicht durchgehalten wurden.‹

Nachfolger Müller Heydenreichs wurde Dr. Jobst Wellensiek. Diesen suchte nunmehr Robert Ide auf. ›Der wichtigste deutsche Firmensanierer residiert in einem mit Arbeitsakten und Andenken überladenen Bürgerhaus in Heidelberg, in seinem Büro im dritten Stock stellt er Kriegsschiffmodelle aus dem Zweiten Weltkrieg in einer Vitrine aus.‹ Der Mittsiebziger habe Wirtschaftsgeschichte geschrieben, schreibt Robert Ide weiter, er habe ›die Vulkanwerft in Bremen zerlegt, die Klöckner-Werke in Duisburg‹. Und in Ostdeutschland habe Wellensiek ›wichtige Kombinate abgewickelt: die Stahlwerke in Riesa, den Exporteur von Spiegelreflexkameras Pentacon in Dresden und eben die *Interflug*. Abwickeln ist ein hässliches Wort‹, unterbricht Wellensiek, schließlich liege in jeder Liquidation eine Chance, zu retten, was zu retten sei – falls es wirtschaftlich Sinn mache.‹

Machte es Sinn, die *Interflug* zu retten und etwa der Lufthansa einen ernstzunehmenden Konkurrenten zu erhalten?

›Damals existierten Gerüchte, daß geheime Kräfte am Werk seien, die die *Interflug* wegen der Konkurrenz zu Lufthansa beseitigen wollten, berichtet er nach einer halben Stunde, ob hieran etwas wahr ist, kann ich bis heute nicht beurteilen.

Wie beiläufig formt Wellensiek solch wohldosierte Sätze. Eine weitere halbe Stunde später spricht er von einem *sensiblen politischen Fall*.

Eine Bonner Entscheidung zugunsten der Lufthansa?, hake ich nach.

Darauf will sich Wellensiek nun auch wieder nicht festlegen lassen. Er lächelt.‹

Den 2.900 verbliebenen *Interflug*-Mitarbeitern, denen 1991 die von Rechtsanwalt Wellensiek unterschriebene Kündigung zuging, war weder zum Lächeln, geschweige denn zum Lachen zumute. ›Wie Ihnen bekannt, befindet sich die Interflug Gesellschaft für internationalen Luftverkehr mbH in Liquidation. Das hat zur Folge, dass Ihr bisheriger Arbeitsplatz wegen der damit verbundenen Betriebsstilllegung nicht mehr existent ist. Aus diesem Grunde sehe ich mich veranlasst, Ihr Arbeitsverhältnis betriebsbedingt zu kündigen.‹

Die Untersuchung ist abgeschlossen, vergessen Sie alles. Und die Akten bleiben unter Verschluss. Basta.

Die ›geheimen Kräfte‹, deren Wirken der Liquidator Jobst Wellensiek weder bestätigte noch dementierte, haben Namen und Adresse, auch wenn sie in einem ›sensiblen politischen Fall‹ handelten. Der bestand darin, für die Lufthansa einen erfolgreichen ›Mitbewerber‹ auszuschalten und sich dessen Immobilien, insbesondere den Schönefelder Flughafen, einzuverleiben.

Darauf vor allem zielte die Auflassung zur ›Entflechtung‹. Ein diesbezüglich verräterisches und mithin Schlüsseldokument ist das Schreiben aus dem Bundesministerium für Verkehr an den ›Präsidenten der Treuhandanstalt der DDR, Herrn Dr. Detlev K. Rohwedder, Haus der Elektrotechnik, Alexanderplatz 6, 1036 Berlin‹ vom 27. August 1990.

Noch existierte die DDR, und der Absender, welcher sich da zur ›Entflechtung der Interflug GmbH – Übertragung der Flughäfen‹ zu Wort meldete, war eine Regierungsstelle der BRD. In dieser Auflassung aus Bonn hieß es unmissverständlich: ›Bei den morgigen Verhandlungen über die Entflechtung der *Interflug* besteht seitens den zu gründenden Teilgesellschaften auch großes Interesse an dem käuflichen Erwerb derjenigen Liegenschaften auf den DDR-Flughäfen, auf denen sich Gebäude und Einrichtungen von *Interflug*-Fluggesellschaft, -Agrarflug und -Bildflug befinden. Dabei besteht die Gefahr, dass die heute zusammenhängenden und arrondierten Flughafengelände zerstückelt werden und damit der Spielraum für die notwendige Fortentwicklung der Flughäfen behindert wird. Nach dem Muster der Flughäfen in der Bundesrepublik Deutschland sollten deshalb die Flughafengesellschaften Grundstückseigentümer *innerhalb des Flughafenzaunes* bleiben.

Besonders aktuell ist diese Frage für die Flughäfen Berlin-Schönefeld, Dresden und Leipzig.

Die Flughafengesellschaften sollten unverändert all die Liegenschaften im Flughafengebiet *innerhalb des Zaunes* zu Eigentum oder zur Nutzung erhalten, die bisher von der *Interflug* benutzt worden sind (einschließlich des Verwaltungsgebäudes in Schönefeld).

Mit freundlichen Grüßen, in Vertretung Dr. Haldmann‹.

Bereits am 30. August 1990 meldete Dr. Andreas Kramer von der Geschäftsleitung der *Interflug* bei der Treuhandanstalt Vollzug. ›Die Vermögenszuordnung wurde entsprechend den Festlegungen der Beratung vom 28.08.90 verändert. Damit erhält die Flughafen Schönefeld GmbH alle am Standort Schönefeld vorhandenen Vermögenswerte an Gebäuden sowie an Grund und Boden.‹ Zwar drückte den ostdeutschen Vollstrecker das schlechte Gewissen, indem er zaghaft Bedenken anmeldete: ›Die Geschäftsführung hält diese Zuordnung nicht für angemessen, da sie defakto eine Enteignung der Fluggesellschaft sowie der bisherigen Betriebe Agrarflug und Fernerkundung, Industrie- und Forschungsflug darstellt.‹

Doch das ist bereits Feuilleton. Die Würfel waren gefallen.

Später bekam Dr. Andreas Kramer einen Job in Toulouse bei Airbus.

Ein weiteres Moment machte deutlich, dass die vermeintlich rechtlich korrekte Abwicklung allenfalls der propagandistische Schleier war, damit alles schön demokratisch aussah: nämlich der unangekündigte Abbruch der Liquidation der *Interflug* im Sommer 2000.

Bekanntlich sind privatwirtschaftliche Unternehmen, und eine GmbH ist so eine Kapitalgesellschaft, von Gesetzes wegen verpflichtet, ihre Buchhaltungsunterlagen zehn Jahre aufzubewahren. Der Fiskus veranstaltet bisweilen Betriebsprüfungen und will diese Bücher einsehen. Wenn das Jahrzehnt verstrichen ist, laufen ab Januar in den Unternehmen hierzulande die Schredder. Im Jahr 2000 waren die zehn Jahre vorbei. Man konnte also die Schein-Liquidation beenden und mit der Vernichtung der veräterischen ›GmbH-Akten‹ ab 1990 beginnen.

Denn unmittelbar nachdem dem einstigen Hauptbuchhalter der *Interflug*, der auch nach Beginn der Abwicklung die Bücher führte, die Bankvollmacht entzogen worden war und er eine Schweigeverpflichtung über fünf Jahre unterzeichnet hatte, tauchten Mitarbeiter der BvS im Keller von Block A in Schönefeld unter und entnahmen dort Material … Die Wahrscheinlichkeit scheint groß, dass inzwischen die Unterlagen bis Jahrgang 1996 reichlich ausgedünnt, wenn nicht sogar in Gänze entsorgt worden sind. Und alles legal nach geltendem deutschen Recht, denn die Interflug war ja eine GmbH.

War sie das aber wirklich?

Rechtsanwalt Joachim Kurt, vom 1. August 1989 bis zum 30. September 1992 als Leiter der Rechtsabteilung der *Interflug* und nunmehr in der Kanzlei Wellensiek Grub & Partner tätig, beantwortete in einem Gutachten am 4. März 2002 diese Frage ziemlich präzise, nachdem er detailliert alle Aspekte auflistete. ›Während der Zeit der DDR war es sehr wohl möglich, ein dem Muster einer GmbH nach heutigem Recht entsprechendes Unternehmen zu errichten und zu betreiben. Dieses hätte wie eine GmbH nach heutigem Recht über eigenes Eigentum, über eigenes Vermögen verfügt. Vermögen und Ergebnis der Geschäftstätigkeit dieser GmbH wären nach dem einschlägigen steuerlichen Vorschriften der DDR besteuert worden. All das ist, obwohl die *Interflug* als GmbH firmiert hat, nicht erfolgt.

Abgesehen von der verfassungsrechtlichen Einschränkung, dass Flughäfen, Luftverkehrsfahrzeuge und anderes nicht Gegenstand privatrechtlichen Eigentums sein durften, hat das Unternehmen *Interflug* Grundstücke und Flugzeuge im eigenen Namen und auf eigene Rechnung zugunsten des Volkseigentums gekauft. Dies war aufgrund seiner Stellung als Fondsinhaber möglich.

Eine solche Stellung konnte nur ein volkseigener Betrieb einnehmen.

[...] Nur weil eine Firmenbezeichnung in einer Weise gewählt wurde, die im internationalen Rechtsverkehr bei Gründung der *Interflug* 1958 geläufiger war, ist hierdurch der Charakter des Unternehmes nicht in besonderer Weise bestimmt worden.‹ Kurts erstaunlich deutliches Gutachten wurde durch diverse Stellungnahmen und eidesstattliche Versicherungen gestützt, von denen hier nur die von Günter Hein zitiert sein soll. Er war von 1969 bis 1990 Generaldirektor der Staatlichen Versicherung der DDR und erklärte am 22. März 2003, ›dass die zivile Luftfahrt in das einheitliche System der Planung, Leitung und Finanzierung der Volkswirtschaft einbezogen wurde‹, und er verwies dazu auf das Statut des Ministeriums für Verkehrswesen vom 11. März 1960 (GBl der DDR, Teil I 1960, S. 155) und die 2. Verordnung über das Statut des Ministeriums für Verkehrswesen vom 26. Januar 1961 (GBl. der DDR, Teil II 1961, S. 45).

Er hätte auch aus den Gesetzblatt der DDR, Teil II, vom 31. Juli 1962 die ›Anordnung über das Statut der Deutschen Lufthansa‹ auf S. 469 zitieren können. Dort heißt es unter ›§1 Rechtliche Stellung und Sitz‹: ›(1) Die Deutsche Lufthansa ist ein volkseigener Verkehrsbetrieb im Sinne des § 1 der Verordnung vom 20. März 1952 über Maßnahmen zur Einführung des Prinzips der wirtschaftlichen Rechnungsführung in den Betrieben der volkseigenen Wirtschaft.‹

Kurt hätte auch die DDR-Verfassung von 1968 in der Fassung von 1974 zitieren können, auf die er zumindest verwiesen hatte. Dort hieß es in Artikel 12: ›1. Die Bodenschätze, die Bergwerke, Kraftwerke, Talsperren und großen Gewässer, die Naturreichtümer des Festlandsockels,, Industriebetriebe, Banken und Versicherungseinrichtungen, die volkseigenen Güter, die Verkehrswege, die Transportmittel der Eisenbahn, der Seeschifffahrt sowie der Luftfahrt, die Post- und Fernmeldeanlagen sind Volkseigentum.‹

Entscheidend für die Beurteilung, ob es sich bei der *Interflug* um gesellschaftliches oder um privates Eigentum im Sinne einer Kapitalgesellschaft handelte, sind zwei Papiere aus dem Jahre 1959, die dem Autor vorliegen (*sie werden im Großen Buch der Interflug auf S. 190/191 faksimiliert wiedergegeben und laut Hinweis erstmals dort publiziert – K. H.*).

Es handelt sich um ein Schreiben der ›Regierung der Deutschen Demokratischen Republik, Staatliches Vertragsgericht, Gruppe Gesetzgebung und Gesetzesauslegung‹ vom 17. Januar 1959, das an den Generaldirektor der Interflug Arthur Pieck gerichtet ist. Darin wird diesem mitgeteilt, dass ›die Vorsitzenden der Bezirksvertragsgerichte anlässlich einer am 15.1.1959 stattgefundenen Tagung davon unterrichtet (wurden), dass die Interflug G.m.b.H. ein Betrieb im Sinne des § 2 Absatz 1 Ziffer 3 des Vertragsgesetzes ist. Auf Veröffentlichung dieser Feststellung in den Verfügungen und Mitteilungen des Regierungsvertragsgerichtes wird wunschgemäß verzichtet. Das Ministerium der Justiz wurde entsprechend unterrichtet.«

Was darunter zu verstehen war, teilte Arthur Pieck am 3. Februar 1959 neun namentlich aufgeführten Personen in einer Aktennotiz mit. Die *Interflug* sei gemäß dieser Feststellung ›ein den volkseigenen Betrieben und den sozialistischen Genossen-

schaften gleichgestellter Betrieb‹. Das bedeute, ›dass die Inter-
flug-Gesellschaft für internationalen Flugverkehr, deren Gesellschafter die Deutsche Lufthansa, das Staatliche Reisebüro, die
VEB Deutrans sowie die VVB Flugzeugbau sind, ein sozialisti-
scher Betrieb im Sinne des Vertragsgesetzes ist, für den das Ver-
tragsgesetz im vollen Umfange zur Anwendung gelangt.‹

Damit dürfte wohl bewiesen sein, dass die Luftfahrtgesell-
schaft der DDR Volkseigentum war, weshalb ihre Akten ins
Bundesarchiv und nicht in den Keller einer GmbH gehörten,
welche sich offenkundig als eine Art Rechtsnachfolger des
DDR-Staatsunternehmens gerierte.

Ergo: Wer die Übergabe der Unterlagen verhinderte bezie-
hungsweise verhindert oder gar Akten vernichtete, verstieß
respektive verstößt folglich gegen das ›Gesetz über die Sicherung und Nutzung von Archivgut des Bundes‹ (Bundesar-
chivgesetz – BArchG) vom 6. Januar 1988 (BGBl. I S. 62)
und macht sich damit strafbar.

Bekanntlich fanden in den 90er Jahren mit dieser Begründung etliche Hausdurchsuchungen bei ehemaligen Funkti-
onsträger der DDR statt.

Alle anderen rechtlichen Folgen auzulisten, die sich aus
dieser Festellung notwendigerweise ergeben, führten an dieser
Stelle zu weit. Um sie aber zu erahnen, muß man kein Jurist
sein. Das reicht von verweigerten Rentenansprüchen bis hin
zu Veruntreuung und Korruption.«

# Siemens-Drall

Siemens hatte – laut *Spiegel* – schon vor dem »Beitritt« die für das Unternehmen wichtigsten Objekte in der DDR ins Visier genommen. Vorstandschef Kaske wurde mit den werbeträchtigen Worten zitiert, Siemens sei eine »Lokomotive des Aufschwungs«, sein Nachfolger steigerte sich sogar bis zur »nationalen Verantwortung«, die das Unternehmen wahrnähme. Das Nachrichtenmagazin folgte den Konzernlosungen und rühmte gleich der dortigen PR-Abteilung: »Die nationale Verantwortung erwarb Deutschlands drittgrößtes Unternehmen, Jahresumsatz rund 63 Milliarden Mark, zum Discountpreis. [...] Der Elektrokonzern hat 16 ehemals volkseigene Betriebe für rund 250 Millionen Mark übernommen.« Das wären lächerliche 16,5 Millionen DM pro Stück. Und Siemens kaufte nicht einen einzigen »maroden« Betrieb.

Der Spitzen-Kuhhandel mit der Treuhand wurde denn auch gebührend gefeiert: »Der größte Coup gelang den Siemens-Akquisiteuren beim ehemaligen Leipziger Starkstrom-Anlagenbau. Der Kaufpreis von 8 Millionen Mark besitzt nur Symbolcharakter. Die Treuhand übernahm im Gegenzug die Tilgung von 17,3 Millionen Mark Altkrediten. Der Betrieb zählte seit jeher zu den Gewinnbringern der Planwirtschaft. Allein in den letzten drei Jahrzehnten bedachte Mittag die Starkstrommonteure mit Westtechnologie von rund 30 Millionen Mark.

Kontoauszüge belegen, dass die Firma gut bei Kasse ist. Der Betrieb verfügte im April bereits über 17 Millionen Mark an Bargeld; zusätzlich waren 95 Millionen Mark als Festgeld angelegt. Siemens war schon vor dem Mauerdurchbruch bestens informiert. Die in Berlin ansässige Konzernabteilung ›Verbindungsstelle DDR‹ führte seit Anfang der achtziger Jahre Dossiers über die Leistungsfähigkeit der Ostbetriebe.«

Erhebt sich unwillkürlich die Frage: Las Treuhandchefin Breuel etwa den *Spiegel* nicht?

Der hatte immerhin gemeldet: »Auch mit den führenden Köpfen der SED-Ökonomie war Siemens bestens bekannt. ›Sie kommen uns jetzt zugute‹, sagt Vorstandschef Kaske.

Wichtige Kontaktleute Kaskes haben den Systemwechsel ohne Blessuren überstanden. SED-Mann Erhard Schulz, einst stellvertretender Minister für Allgemeinen Maschinen-, Land-maschinen- und Fahrzeugbau, arbeitet heute bei der Treuhand als Direktor für Spezialmaschinenbau. Monatelang war er mit dem Siemens-Deal befasst.

Als Referent stand ihm Manfred Schulz zur Seite, bis zum Untergang der DDR stellvertretender Minister für Elektro-technik und Elektronik. Der Ex-Genosse begleitete den Stark-stromanlagenbau bis zur Übergabe an Siemens am 1. April. Ohne sein wohlwollendes Weggucken wäre für die Münchener vieles nicht so glatt gelaufen. Der Mann mit dem Stoppelhaar, in der DDR als Bürsten-Schulz bekannt, war nach der Wende einer der ersten Ansprechpartner von Siemens. Schulz, der in der DDR als ungehobelter Brüller auffiel (›Man sollte euch allen die Ausreise genehmigen, dann könnt ihr wenigstens hier nicht rumpfuschen‹), ließ Siemens in dem Treuhand-Unter-nehmen unbehelligt schalten und walten.

Er schaute weg, als das Starkstrom-Management die Ver-handlungen mit den Wirtschaftsprüfern der Price-Waterhouse-Gruppe abrupt beendete und statt dessen die Düsseldorfer Prüffirma KPMG verpflichtete. Das ist dieselbe Gesellschaft, die auch die Siemens-Konzernbilanz testiert.

Pflichtbewußt wies Price Waterhouse den Treuhänder Schulz auf die Gefahren dieser Doppelfunktion hin. Bürsten-Schulz reagierte kratzig: ›Es gibt hier keine Interessenkonflikte.‹ Kein Mitarbeiter der Berliner Staatsholding hat je den Stark-stromanlagenbau besucht, kein Gutachter das Altlastrisiko geschätzt oder den Ertragswert ermittelt. Schulz empfand der-artige Analysen, Standard bei jedem Unternehmensverkauf, als unnötig: ›Ich kannte doch das Unternehmen von früher.‹

Verantwortlich für das Laienspiel ist der scheidende Treu-handvorstand Karl Schirner. Großspurig nannte er den Sie-mens-Coup im Herbst vergangenen Jahres einen ›Musterfall‹. Heute gibt sich Schirner kleinlaut: ›Wenn wir perfekt gearbei-tet hätten, wären bis heute nur fünf Unternehmen verkauft.‹«

Diese Ausrede hätte nicht mal ein Jurist vom Format des Dorfrichters Adam akzeptiert. Die Zahlen seien – weil so unglaublich – wiederholt: Das Leipziger Unternehmen verfügte über 17 Millionen Bares und über 95 Millionen Mark Festgeld, ein Anlagenbesitz von über 30 Millionen plus Immobilien.

Und dafür gab Siemens lächerliche acht Millionen DM!

»So wurden wir verhökert«, resignierte einer von den Wirtschaftsfunktionären, die es abgelehnt hatten, auf Kosten der Arbeiter mit Siemens gemeinsame Sache zu machen.

Ein Rest der *Spiegel*-Story sei zitiert, um dem Leser Einblick in die Praktiken jener Gesellschaft zu gewähren, die der DDR-Bürger wohl in der Mehrheit nicht gemeint hatte, als man ihm das erste Mal die Möglichkeit bot, »frei« zu wählen, und was für ein Geschmeiß in der SED geduldet wurde und Funktionen ausübte.

»Schon im August (*1990, also zwei Monate vor dem Anschluss – K. H.*) installierte der Konzern in Leipzig ein ›Entscheidungsgremium zur Kooperation Siemens AG/Starkstrom Anlagenbau GmbH‹, ohne dessen Zustimmung im Betrieb praktisch nichts lief. Die alten Genossen der Geschäftsführung waren willig. Siemens hatte sich spendabel gezeigt. Beim Abendessen in der Erlanger Gaststätte ›Alter Simpl‹ versprachen die Westmanager den Ostkadern Gehaltsaufbesserung, Rentenzusatzversicherung und Leasingwagen, zahlbar natürlich nur im Falle einer geglückten Übernahme. Die Übernahme kam und mit ihr die ›einmalige Sonderzahlung‹. Den Genossen wurden rückwirkend für die Zeit vom 1. Oktober 1990 bis 31. März 1991 je 13.800 Mark überwiesen. Inzwischen wurden die Geschäftsführer wegen dubioser Immobiliengeschäfte suspendiert.«

Hätte solch Kuhhandel nicht dem Bundesrechnungshof auffallen müssen, der doch offiziell die Aufgabe hat, die Geschäfte der Regierung – und damit auch der Treuhand – zu überwachen? Der Vizepräsident des Bundesrechnungshofes, Heuer, gehörte zu jenen, die vor dem Untersuchungsausschuss angehört worden waren. Er ließ durchblicken, dass er mit den Treuhandgewohnheiten beim Umgang mit den Steuergroschen keineswegs immer einverstanden war. Das galt nicht nur für den Aufwand, den das Unternehmen betrieb, sondern begann bei der Auseinandersetzung darüber, ob sich die Treuhand in erster Linie auf die Sanierung oder die Privatisierung der DDR-Betriebe konzentrieren sollte. Um das noch einmal transparent zu machen: Die nicht sanierten Betriebe wurden für das berühmte Markstück verkauft, für sanierte konnte man auf dem Markt logischerweise höhere Preise erzielen. Was aber weit gewichtiger war als die Frage der Einkünfte: Sanierte Betriebe konnten einen großen Teil ihrer Arbeitsplätze behaupten, wenn sie privatisiert wurden – es sei denn, sie landeten bei einem Konkurrenzunternehmen, das zu zahlen bereit war, um sich so die DDR-Konkurrenz vom Halse zu schaffen.

Auch dieses Fazit zog der *Spiegel*: »Der Einstieg in der ehemaligen DDR, der Tausende der so dringend benötigten Arbeitsplätze sichert, ist für die Münchener ein lohnendes Investment. Mindestens zwei Drittel aller Siemens-Aufträge in den neuen Bundesländern vergibt der Staat. Kaum ein Konzern profitiert mehr von den Bonner Milliardensubventionen für die ostdeutsche Infrastruktur.

Das Telefonnetz im Osten wird von Siemens-Vermittlungsstellen geschaltet.

Die Reichsbahn wird mit Hilfe von Siemens-Elektroinstallationen unter Strom gesetzt, ihre Trasse säumen Siemens-Signalleuchten. In den ostdeutschen Kraftwerken rotieren demnächst Siemens-Turbinen, gesteuert von Siemens-Automatisierungstechnik.

Siemens hat früh erkannt, dass es zum Kauf von DDR-Betrieben keine Alternative gibt.«

# Das Werften-Roulette

Den wohl entscheidenden Augenblick des Milliardendeals um die DDR-Werften erlebte ein Reporter am 29. August 1994 in Wismar aus nächster Nähe. Reaktionsschnell muss er ein Tonbandgerät eingeschaltet haben. Anders lässt es sich kaum erklären, wie er in der *Spiegel*-Ausgabe Nummer 10 des Jahres 1996 die Szene so minutös hatte beschreiben können.

Zumal: Wie bei fast allen Treuhand-Geschäften waren die Hintergründe auch in diesem Fall nur mühsam aufzuhellen. In einer Hinsicht waren die »Täter« allerorts Meister: im Verwischen der Spuren.

Um das auch schon Jahrzehnte zurückliegende Werften-Geschäft halbwegs illustrieren zu können, sollte zunächst an einige Fakten aus der DDR-Geschichte erinnert werden.

Nach dem Zweiten Weltkrieg waren an der Ostseeküste fast aus dem Nichts in Rostock, Wismar, Warnemünde, Stralsund und einigen anderen Städten Werften entstanden, auf denen bis 1990 mehr als 5.000 See- und Binnenschiffe in 200 verschiedenen Typen vom Stapel liefen. Sie liefen unter 45 verschiedenen Flaggen. Um eine Vorstellung von der Dimension und dem internationalen Ansehen dieser Industrie zu vermitteln, seien einige Zahlen des einzig in dieser Frage anerkannten weltweiten Gutachters erwähnt. Lloyds Schifssregister in London wies für den DDR-Schiffbau bei Fischereifahrzeugen den ersten und bei Stückgutfrachtern den zweiten bis dritten Platz im Weltschiffbau aus. Diese Fakten bezog Lloyds nicht aus dem ZK der SED, sondern von Fachleuten, die über die Versicherungssummen zu befinden hatten.

Allein in die Sowjetunion waren bis 1989 mehr als 3.500 Schiffe geliefert worden. Das Produktionsvolumen wurde mit sechs Milliarden Mark beziffert.

Im früher industriearmen Mecklenburg war der Schiffbau zur strukturbestimmenden Industrie geworden, in der man 1987 rund 56.000 Arbeitsplätze zählte.

Auf Befehl der Treuhand wurde das aus über 20 volkseigenen Betrieben bestehende Kombinat Schiffbau am 1. Juni 1990 aufgelöst und durch eine »Deutsche Maschinen- und Schiffbau AG« (DMS) ersetzt. Innerhalb von zwei Jahren reduzierte die DMS die Zahl der reinen Werftarbeitsplätze von 34.000 auf 13.500.

Als es an den – keineswegs unumgänglichen – Verkauf der Werften ging, kam es zu einem heftigen Streit, an dessen Ende der Ministerpräsident des Landes Mecklenburg-Vorpommern, Alfred Gomolka, aus Protest gegen die Entscheidung zugunsten des Bremer Vulkan-Konzerns zurücktrat.

Der in der DDR studierte, promovierte und habilitierte Geograph war Mitglied der DDR-CDU gewesen, hatte fünf Jahre als Stadtrat für Umweltschutz und Wasserwirtschaft in Greifswald gewirkt und avancierte 1990 faktisch über Nacht zum Ministerpräsidenten.

Sein Widerstand gegen die Treuhand-Werften-Operation scheiterte am Kohlschen CDU-Vorstand und dem damals die Nord-CDU domierenden Bundesminister Günther Krause. Gomolka wurde mit einem Sitz im Brüsseler Europaparlament abgefunden. Die Motive seines Widerstandes sind von ihm nie deutlich artikuliert worden, vermuten darf man, dass er über die Hintergründe des Deals im Bilde war und diesen nicht billigte. Einer der Herren, die sich im Kampf gegen Gomolka profilierten, Eckhardt Rehberg, sollte später im Treuhandskandal um das Faserplattenwerk in Ribnitz-Damgarten – wo man sich seiner Funktion als FDJ-Funktionär erinnerte – eine tragische Rolle spielen.

Die eingangs erwähnte Szene trug sich im Hochsommer 1994 in der Matthias-Thesen-Werft zu. Birgit Breuel besuchte die nach dem Kommunisten Thesen benannte Werft. Ihn hatten die Nazis im KZ Sachsenhausen ermordet.

*Der Spiegel:* »Recht unwirsch fragte die Treuhand Chefin Hennemann, ob er die Verpflichtungen aus dem Kaufvertrag einhalten und die vereinbarten Summen in den Ostwerften investieren wolle. ›Ich habe echte Befürchtungen‹ sagte sie, ›dass Sie das nicht wollen.‹«

Die ungewohnte Skepsis gegenüber Westkunden galt Friedrich Hennemann, einem gelernten Apotheker aus Bremen, der 1987 vom Senat der Hansestadt zum Chef der damals schon Schlagseite aufweisenden Vulkan-Werft berufen worden war. Er schmiedete dort kühne Pläne und wollte Vulkan in einen mächtigen Technologie-Konzern umwandeln.

Die Verwirklichung der meisten Projekte blieb in Ansätzen stecken, aber als die DDR der BRD beigetreten wurde und Frau Breuel den Eil-Ausverkauf der DDR-Wirtschaft in Gang setzte, stand Hennemann in der Werften-Kundenschlange ganz vorne. Der Verkäufer, mit dem er es dort eines Tages zu tun bekam, war ausgerechnet der auch in viele andere Treuhand-Affären verstrickte Hero Brahms. Der vielseitige Manager behauptete hinterher oft, er habe »Bauchschmerzen« gehabt, als die Hennemann-Offerte auf seinen Schreibtisch landete. Er berief sich auch gern darauf, dass er Zweifel am Managerkönnen Hennemanns gehegt, aber trotz allen Unbehagens letztlich keine Wahl gehabt hätte: »Wir standen unter großen politischem Druck, an Hennemann zu verkaufen.«

Das sollte man zumindest als eine Art »Beleg« katalogisieren, denn auch in diesem Fall liegen Akten kaum vor, weil die Geschäfte der Treuhand in ihrer Abwicklung oft denen von Pferdehändlern glichen und deshalb auch in keinem Archiv auffindbar sind. Dass Brahms – fast ein Treppenwitz der Treuhand-Historie – später als Aufsichtsratsvorsitzender des Vulkan-Konzerns auch einen Schreibtisch in Bremen haben würde, konnte zu diesem Zeitpunkt niemand vorausahnen.

1992 hatte Brahms jedenfalls als Vizepräsident der Treuhand die bereits ramponierten ostdeutschen Werften mit einer milliardenschweren Mitgift an Vulkan verhökert. Und um eben diese Mitgift ging es an jenem Augusttag in Wismar. Dort nämlich hatte – laut *Spiegel* – Birgit Breuel überhaupt erst erfahren, was es mit dem sogenannten »Cash-Management« auf sich hatte und dem dennoch zugestimmt: »Dem eloquenten Hennemann gelang es, die Bedenken zu zerstreuen. ›Bei dieser Gelegenheit‹, sagte er ganz nebenbei, wolle er sie noch darüber informieren, dass die Ostbetriebe ins Cash-Management einbezogen werden sollen.

Interessiert erkundigte sich Frau Breuel nach diesem Finanzierungsinstrument.

›Läuft das ordentlich? Und sauber?‹

Hennemann brüstete sich wie immer mit beeindruckenden Milliardenzahlen. Er verwies auf steigende Umsätze und eine gewaltige Liquidität. ›Wenn das so ist‹, sagte die Treuhand-Chefin, ›gibt es keine Einwände‹.«

Und mit dieser Einwilligung startete die Ausplünderung der DDR-Wirtschaft an einem weiteren Frontabschnitt.

Anderthalb Milliarden D-Mark hatte die Treuhand für die DDR-Werften zur Verfügung gestellt und diese Summe damit begründet, dass der Schiffbau in Mecklenburg-Vorpommern gerettet werden solle.

Nachdem Hennemann die Werften gekauft und von Frau Breuel die Genehmigung für die Aufnahme in das »Cash-Management« erhalten hatte, »lieh« sich der Bremer enorme Summen von seinen Ostfilialen und stopfte damit Liquiditätslöcher im Westen.

Den Coup kann auch ein Laie mühelos nachvollziehen: 854 Millionen Mark, die die Steuerzahler in Ost und West aufgebracht hatten, um Arbeitsplätze in den verscherbelten Werftenhochburgen zu retten, wurden nicht nach Mecklenburg-Vorpommern als Löhne überwiesen, sondern verschwanden auf den Bremer Konten des Vulkan-Konzerns. Über 700 Mil-

*Friedrich Hennemann, gelernter Apotheker aus Bremen, »kauft« von der Treuhand DDR-Werften zu »symbolischen Preisen«*

lionen waren widerrechtlich abgezweigt worden, was den Straftatbestand des Betruges, wenn nicht gar des Diebstahls erfüllte.

Als der Schwindel aufflog, wurden – wie immer – als erstes kostpielige Gutachten angefordert, die die näheren Umstände aufklären sollten. Dabei stellte sich als erstes heraus, dass die Gesamtsumme ursprünglich in Raten überwiesen werden sollten, dann aber der größte Teil des Geldes mit einem Mal ausbezahlt worden sei.

Im November 1993 trat urplötzlich der Vulkan-Vorstand Manfred Timmermann zurück. Der frühere Staatssekretär im Verteidigungsministerium hielt die Manipulationen offenkundig für derart kriminell, dass er sein Heil in der Flucht sah.

Später wurde ein Brief gefunden, den die Treuhand-Vorstände Klaus-Peter Wild und Wolf Klinz am 20. Dezember 1993 »vertraulich« an Hennemann gesandt hatten: »Entgegen den ursprünglichen Zusicherungen von seiten der Bremer Vulkan« seien Gelder der Ostwerften auch im Westen verwendet worden. Keine Strafandrohung, kein Verfahren wegen Unterschlagung, sondern nur eine Feststellung wie »Hör mal, wir sind im Bilde!« und die Aufforderung, das Geld umgehend zurückzuzahlen. Wohl ahnend, dass die Summen längst auf den Konten von Schlagseite-Firmen geraten waren, wurden Bankgarantien gefordert.

Unbeeindruckt von dieser sanften Mahnung aus Berlin schloss Vulkan noch am 22. September 1993 mit der Commerzbank einen Vertrag über ein Verfahren, das liquide Mittel von Tochtergesellschaften einzog und sie – um Kreditzinsen zu sparen – über die Konzernzentrale anderweitig anlegte.

An der Treuhandzentrale in Berlin schraubte unterdessen Birgit Breuel bei einem Fototermin »ihr« Firmenschild ab. Die in Bremen verlorengegangene knappe Milliarde hinterließ sie der Treuhand-Nachfolgegesellschaft BvS. Einmal mehr war ein Gutachten in Auftrag gegeben worden, in dem die C & L Treuarbeit versichert hatte, eine »dem Privatisierungsauftrag gemäße Verwendung der Mittel« sei sichergestellt. Eines Tages stellte die Treuhand-Nachfolgerin Strafanzeige gegen Hennemann und seine Vorstandskollegen. Nun sollten Staatsanwälte »die Verantwortlichkeiten klären«. Das wurde 1995 in die Wege geleitet. Lange tat sich nichts, denn der Papierwust schien undurchdringlich.

Hennemanns Zeit als Vulkan-Chef war schon im September 1995 beendet worden, allerdings nicht durch eine fristlose Kündigung, sondern durch einen formgerechten Rücktritt, den er formulierte, nachdem die Banken jeden weiteren Kredit verweigerten und die Vulkan-Aktie um 20 Prozent gefallen war.

Irgendwo im weiten Hintergrund war noch das Bild der Begegnung zwischen Breuel und Hennemann auf der Wismarer Matthias-Thesen-Werft, die den Millionentransfer eingeleitet hatte.

Im September 1999 begann der Prozess gegen Hennemann wegen der Veruntreuung öffentlicher Gelder in Höhe von 850 Millionen Mark. Der Staatsanwalt forderte viereinhalb Jahre Haft, die Verteidigung plädierte auf Freispruch. Am Ende kam Friedrich Hennemann mit einer zweijährigen Bewährungsstrafe davon, gegen die er jedoch Berufung einlegte. Die Milde der deutschen Justiz gegenüber deutschen Managern ist hinlänglich bekannt, aber im Fall Hennemann wuchs sich der Prozess zu einer nachträglichen höchstrichterlichen Bewertung der Treuhandtätigkeit aus.

Der Bundesgerichtshof in Leipzig hob das Urteil auf und rückte in den Mittelpunkt seiner Urteilsbegründung die Frage, ob sich Hennemann und seine Vorstandskollegen durch die Veranlassung der Treuhandmittel aus dem Osten überhaupt strafbar gemacht hätten. Das in Hamburg erscheinende *manager-magazin* – gemeinhin als beste Informationsquelle über die deutsche Industrie gerühmt – schrieb nach der Leipziger Urteilsverkündung 2004: »Die Bremer Vulkan hatte nach der Wiedervereinigung unter anderem die MTW-Schiffswerft in Wismar und die Volkswerft Stralsund 1993 zu symbolischen Kaufpreisen übernommen. Zugleich erhielt der einst größte deutsche Werftenverbund großzügige Fördergelder, um die rund 5.200 Arbeitsplätze auf den Ostwerften zu sichern. Das Geld versickerte nach und nach in Westfirmen des Verbundes und war nach der Konzernpleite 1996 verloren. Die Bremer Richter hatten dafür die drei Manager verantwortlich gemacht. Sie hätten gegen ihre Vermögensbetreuungspflicht gegenüber den Ostwerften verstoßen und 854 Millionen DM (437 Millionen Euro) zweckentfremdet im Konzern eingesetzt, hieß es in ihrem Urteil.«

Und dann folgten die entscheidenden Sätze: »Nach Ansicht des BGH lässt sich jedoch aus den vorliegenden Verträgen kein Verbot für Transferzahlungen an die Konzernmutter herleiten. Aus den Verträgen ergebe sich nicht, dass alles Vermögen im Osten bleiben müsse, sagte die Senatsvorsitzende Monika Harms. Dies sei jedoch der Grundgedanke des rund 500 Seiten langen Bremer Urteils, das auf einer falschen Bewertung der Verträge beruhe.«

Damit entschied das höchste deutsche Gericht: Die Mittel der Treuhand waren keineswegs nur für die neuen Bundesländer gedacht und bestimmt gewesen! Und dieser Spruch wurde gefällt, obwohl das Treuhandgesetz eindeutig auf die Sanierung – tatsächlich allerdings, wie im Fall der Werften, »Privatisierung« – der volkseigenen DDR-Betriebe beschränkt war. Worauf die Gerichtsvorsitzende ihre anderslautende Auslegung stützte, blieb unklar.

Auch die Kritik an der Höhe des Urteils blieb rätselhaft. *manager-magazin*: »Scharfe Kritik gab es vom BGH auch für das Strafmaß des Bremer Richters. Zwar sei eine Bewährungsstrafe auch bei den vorliegenden Vorwürfen nicht ausgeschlossen. Die Begründung dafür müsse jedoch fundiert sein und ihr dürften die ›Fehler nicht schon auf der Stirn geschrieben sein‹, sagte Harms. […] ›Verteidigung und Staatsanwaltschaft stehen jetzt wieder am Punkt Null‹, sagte Harms. In dem neuen Verfahren vor einer anderen Strafkammer des Landgerichts Bremen müsse geprüft werden, ob der Vermögenstransfer von den Tochterunternehmen die Existenz gefährdet habe.«

Über ein neues Verfahren wurde bis heute nichts bekannt, sodass die Auffassung von Monika Harms – seit Sommer 2006 übrigens Generalbundesanwältin beim BGH – nach wie vor gilt: Die Treuhandmittel konnten durchaus auch von altbundesdeutschen Unternehmen verwendet werden, so sie denn als Käufer in der Alt-DDR tätig geworden waren.

Bliebe die Frage: Wie viel Treuhandkunden kamen *nicht* aus der Alt-BRD?

Doch abgesehen von seinen wegen der Ost-Werft-Manipulationen anhängigen Prozesse traf man Friedrich Hennemann noch recht oft vor Gericht. 2004 wurde ihm Steuerhinterziehung in Höhe von 400.000 Euro vorgeworfen. Die Staatsanwaltschaft bezifferte seine nicht angegebenen Kapitalerträge mit 700.000 Euro und verschwiegenes Kapitalvermögen von fünf Millionen Euro. Hinweise auf diese nicht angegebenen Summen hatten Ermittlungsbeamte in seinem Haus in Unterlagen über Konten in Luxemburg und der Schweiz gefunden.

Der Prozess versandete, und schließlich geriet die Anklage unter die Verjährungsfrist.

Am 4. April 2008 gewann Friedrich Hennemann sogar einen Prozess, und zwar in einem Verfahren gegen die Hansestadt Bremen. Die hatte ihm nach all seinen Affären seine Versorgungszuschüsse (Klartext: Pension) als ehemaliger Senator nicht zahlen wollen und war nun verurteilt worden, »an Herrn Dr. Hennemann etwa Euro 174.000 zuzüglich Zinsen zu zahlen«.

Wer sich die Mühe macht und Einsicht in die Akte nimmt, erfährt, dass es sich tatsächlich um 174.372,07 Euro handelte, und dass die Freie Hansestadt Bremen an Hennemann auf diese Summe noch langjährig Zinsen in Höhe von 5 Prozentpunkten zu zahlen hat. Mithin ist jede Art von mitleidiger Sorge um die Zukunft des inzwischen 74jährigen Friedrich Hennemann unbegründet.

Und die einstigen DDR-Werften?

Die *Süddeutsche Zeitung* zeichnete ihre Spur am 25. März 2008 nach: »Die ausgenommenen Ost-Betriebe gingen nach der Vulkan-Pleite an den norwegischen Kvaerner-Konzern, dem sie Hennemann fünf Jahre zuvor weggeschnappt hatte – und dessen Werft-Tochter Aker Yards, die sie am Dienstag an die russische Investmentgesellschaft FLC West verkaufte.

In den kommenden Wochen sollen die ostdeutschen Restbestände des einstigen Vulkan-Verbundes zunächst innerhalb des Aker-Konzerns an Aker Yards Ukraine übertragen werden, der schon ein Betrieb im ukrainischen Nikolaev gehört. Für 70 Prozent an dieser Tochter will FLC West dann 291,9 Millionen Euro zahlen. Die Firma ist in Luxemburg ansässig und wird je zur Hälfte von der mehrheitlich staatlichen russischen FLC und der zypriotischen Almiar Investment kontrolliert, die wiederum namentlich nicht genannten Russen gehört. 30 Prozent an Aker Yards Ukraine wollen die Norweger dagegen selbst behalten.

Für die Mitarbeiter soll sich nichts ändern

Die IG Metall Küste wollte zunächst abwarten, welche Pläne der neue Investor für die deutschen Werften hat. Dort sind 2.300 Mitarbeiter und 110 Auszubildende tätig – also 4,1 Prozent der einstigen DDR-Werftarbeiter!

Eine Werft, die man schon seit Jahren vergeblich sucht, stand in Boizenburg. Wer heute im Internet ›Elbewerft‹ anklickt und die Frage nach der Werft eingibt, erhält die Antwort: ›Elbewerft ergab 0 Treffer‹.«

In der Drucksache 13/10900 des Deutschen Bundestages findet man einen Teil der Tatsachen, die der Ausschuss, der die Tätigkeit der Treuhand untersuchen sollte, ermittelte. Auf Seite 281 liest man: »Gegen Ende der Untersuchungstätigkeit wurde der Ausschuss noch auf einige Privatisierungen aufmerksam, die er ebenfalls näher beleuchten wollte.« Damit sollte offensichtlich angedeutet werden, dass die Menge der Betrügereien und die knappe Zeit nur noch eher flüchtige Untersuchungen zuließ. Zu diesen Fällen gehörte auch die Elbewerft Boizenburg.

»[...] Der Untersuchungsausschuss hat zur Privatisierung der Elbewerft Boizenburg GmbH (EWB) Berichte der BvS vom 12. November 1997 und 11. Februar 1998 erhalten. Aus Zeitgründen konnten. zu diesem Thema keine Zeugen vernommen werden. [...]

aa) Privatisierungsverhandlungen

Für den Kauf der EWB interessierten sich drei Investorengruppen: Neben der Petram-Gruppe waren dies eine dänische Investorengruppe und ein bundesdeutsches Konsortium. [...]

Nach Einschätzung der THA/BvS war das Angebot der Petram-Gruppe das weitaus Beste [...], weshalb sich die THA für die Petram-Gruppe aus Brake als Erwerber entschied. [...]

Am 1. Oktober 1996 verkaufte die Petram-Gruppe die Mehrheit der Anteile an der EWB (51 %). Die restlichen 49 % der EWB-Anteile wurden auf die Gesellschaft selbst übertragen [...]

gg) Gesamtvollstreckung der EWB

Aufgrund wirtschaftlicher Schwierigkeiten wurde am 27. Mai 1997 die Gesamtvollstreckung über das Vermögen der EWB eingeleitet. Seither macht die BvS ihre Ansprüche aus dem Privatisierungsvertrag gegen Petram geltend.

Die BvS konnte in ihrem Bericht an den Untersuchungsausschuß keine Aussage zur Höhe des Verlustes an Fördermitteln machen [...] Ende 1997 wurde die Werft dann geschlossen. Nach Erkenntnissen des Untersuchungsausschusses wurden am 1. Januar 1998 alle verbliebenen Mitarbeiter der EWB – bis auf eine Notbesetzung der Werft – in der ›Boizenburger Beschäftigungsgesellschaft‹ (BBG) untergebracht, die bis Ende April 1998 befristet war.«

Die letzte Spur der Elbewerft Boizenburg, deren Schiffe heute noch auf vielen Flüssen Russlands und Chinas unterwegs sind, stammt von einer mit »Torsten Brumm« unterschriebenen Internetseite aus dem Jahr 2003: »Nach fast sechs Jahren nach dem Ableben der Werft in Boizenburg war es an der Zeit, eine Erinnerung an die Elbewerft, die Schiffe und die dort arbeitenden Menschen zu schaffen. Diese Seite soll eine kleine Übersicht über die auf der Werft geschaffenen Produkte und Leistungen darstellen. Viele Bilder und Informationen auf diesen Seiten stammen aus den Unterlagen meiner Eltern und Großeltern (welche alle auf der Werft arbeiteten) und wurden von mir in mühevoller Arbeit zusammengetan. [...]

Weiterhin möchte ich aber auch auf einige mit der Werft in Zusammenhang stehende Dinge eingehen. Erwähnen möchte ich hier unter anderem den Film ›Hat er Arbeit?‹, welcher auf dem Gelände der Werft gedreht wurde und von dem Ende der Werft handelt. Auch die visuellen Effekte sollen auf dieser kleinen Seite nicht zu kurz kommen. Ich habe eine Bildergalerie mit vielen Bildern von Schiffen aus Boizenburg und von der Elbewerft zusammengetragen. Des Weiteren wird hier auch einer der letzten Stapelläufe der Werft auf Video zu finden sein.«

# Zirkus um den Zirkus

Da der Staat DDR verdammt und danach aufgelöst worden war, konnte auch sein Staatszirkus nicht überleben. Also traf die Treuhand mit einem Brief vom 8. Juli 1990 auch in diesem Fall ihr Urteil: »Der Staatszirkus der DDR hat ab 1. 7. 1990 aufgehört zu bestehen. Das Gesetz über die Bildung von Kapitalgesellschaften zwingt uns, die drei Zirkusse – Aeros, Berolina und Busch – sowie das Winterquartier in GmbH umzubilden, ohne dass dazu die finanziellen Voraussetzungen vorhanden sind und ohne dass damit der Bestand dieser Betriebe gesichert ist.«

Das Risiko dieser Operation bestand darin, dass über Nacht in die Arbeitslosigkeit Getriebene möglicherweise bedauert wurden oder Solidarität erlebten, aber kaum Schlagzeilen lieferten. Ein hungernder Elefant oder abmagernde Bären aber können Tierschützer aller Breitengrade mobilisieren. Niemand fragt nach SED oder Stasi – wenn Tiere leiden, ist Politik Nebensache.

Schon am 22. Juli 1990 entdeckte *Bild am Sonntag* seine Sympathie für das Zirkusvolk der DDR: »Sie hat oft gelacht. Lachen gehört zu ihrem Beruf: Katja Stanik (29) ist Zirkusfrau. Mit ihrer gemischten Raubtiergruppe waren sie und ihr Mann Peter die Attraktion des DDR-Zirkus Busch. Die Staniks – dieser Name zählt was in Zirkuskreisen. Aber ihre letzte Vorstellung gaben beide im November. Seitdem hat niemand mehr Katja lächeln sehen. Vielleicht war die Vorstellung im November ein Abschied für immer. Ihr Zirkus hat kein Geld mehr. Busch steht vor der Pleite. Busch lebte 30 Jahre lang von Subventionen, von Zuschüssen des Staates. Seit dem 1. Juli, dem Tag der Währungsunion ist der Zirkus eine GmbH, ein Unternehmen, das Gewinn erwirtschaften muß, wenn es überleben will – wie Berolina, wie Aeros, die anderen beiden Zirkusunternehmen der DDR. [...] Die Staniks wollten eine neue Nummer aufbauen, Pumas, schwarze Panther, Tiger, Bären. Dann aber ging ein Tierpfleger. Der andere hat Urlaub, und Ersatz gibt es nicht. [...] Letzte Woche hat ihre Löwin Toga geworfen: Vier kräftige gesunde Junge. Alle Männchen. Katja: ›Wie wir uns das immer gewünscht haben.‹ Doch die Freude war nur kurz, dann holten sie die Sorgen der Gegenwart ein: ›Wie sollen wir sie satt bekommen?‹

Das tägliche Problem der Staniks. Die Tiere leben bisher von Spenden. Eine ältere Dame bringt jeden Tag Zucchinis. Andere Freunde bringen Milch. Bauern brachten einen Anhänger mit Enten. Im Westen will sie keiner. Der Osten isst Enten aus dem Westen. Jetzt sind die Enten Tierfutter. Die Staniks sind dankbar dafür. [...] Und dann sagt sie leise: ›Wir wissen wirklich nicht, was wird – Hauptsache , die Tiere überleben.‹

Welcher Zoo aber will heute noch Raubkatzen? Der VEB Staatszirkus der DDR ist schon tot. Ein lautloser Tod. [...] Der Zirkus verlor in einem Jahr mehr als eine Million Zuschauer. Die Menschen haben andere Sorgen. Jetzt gelten neue Regeln, die Regeln des Marktes – und in denen steht nichts von Mitleid. Am Schlimmsten steht es um den Zirkus Busch. Der Zirkus trennte sich von seinen Pferden, seinen Dingos, Eseln, Affen. Ein Kinderheim in Ostberlin hat jetzt den Streichelzoo gekauft. Kinder hatten dafür gesammelt. Motto: ›Schwache helfen Schwächeren.‹ Ohne die Kinder wären die Schafe, Ziegen und Schweine wohl eingeschläfert worden.«

Die Treuhand mochte solche Mitteilungen nicht lesen und langte flugs wieder in ihre Trickkiste: Eine Stiftung sollte Tiere und Artisten retten. Einzige Bedingung: Die Gründung musste bis 31. Dezember 1991 erfolgt sein.

Sogar das Bundesinnenministerium erschien auf der Bildfläche und verschickte am 14. Februar 1991 ein Fax an das Bundesministerium für Finanzen und die Treuhandanstalt, wo zu jener Zeit Karl Schirner das Ressort »Zirkus« nebenbei verwaltete. Wortlaut: »In der ehemaligen DDR hatte sich eine international hoch angesehene Zirkuskultur entwickelt, die auch in einem deutschen Gesamtstaat zur nationalen kulturellen Substanz gehört, die es zu erhalten gilt. Träger dieser national bedeutsamen Zirkuskultur ist der ehemalige Staatszirkus der DDR. Er wurde am 30. Juni 1990 der Treuhandanstalt unterstellt und besteht jetzt als ›Berliner Zirkus-Union

GmbH‹ fort. Der Verkauf der ›Berliner Zirkus-Union GmbH‹ soll unmittelbar bevorstehen. Wie ihr Geschäftsführer mitteilte, scheint das Motiv der bisherigen Kaufinteressenten der Grund und Boden des Winterquartiers des Zirkusunternehmens zu sein. Es ist zu befürchten, dass so ein Käufer den Zirkusbetrieb nicht weiterführen wird. Diese national bedeutende Zirkuskultur könnte erhalten werden, wenn eine ›Stiftung Deutscher Nationalzirkus‹ errichtet wird, in die das Gesamtvermögen des ehemaligen Staatszirkus überführt wird. Entsprechende Pläne werden von der Außenstelle des Bundesministeriums des Innern in Berlin, Bereich Kultur, und dem Nationalzirkus erarbeitet. […] Für Rückfrage stehe ich jederzeit gerne zur Verfügung. Mit freundlichen Grüßen. Im Auftrage Flotho«

Eine für die damaligen Verhältnisse nur als Wunder zu bezeichnende Entwicklung schien sich anzubahnen, als die Treuhandanstalt bereits am 16. April zu einer Beratung über dieses Thema einlud.

Man war allseits guter Dinge und rechnete täglich mit den entsprechenden Mitteilungen. Doch die blieben aus.

Am 16. Januar 1992 kam dann eine im Grunde völlig überflüssige Antwort: »Was die ›Stiftung Deutscher Nationalzirkus‹ betrifft, sehen wir darin eine Aufgabe für einen deutschen Zirkus oder einen dem Zirkus nahestehenden Organ, welches diese begonnene Initiative federführend weiter verfolgt.«

Wer mochte das sein? Niemand wusste eine Antwort. Dass man in diesem Fall darauf verzichtet hatte, die übliche Maroden-Floskel einzufügen, hatte gute Gründe:

Als die Stiftung konzipiert wurde, verfügte der Zirkus noch über elf Millionen Mark Eigenkapital und über einen Tierbestand, der mindestens eine Million DM wert war. Hinzu kam das Winterquartier in Dahlwitz-Hoppegarten, 117.000 Quadratmeter unweit der von vielen begehrten Rennbahn Hoppegarten und deshalb für Investoren über die Maßen interessant. Bei einem bereits 1992 in dieser Gegend geforderten Quadratmeterpreis von 400 DM ergab die Fläche eine Summe von knapp 50 Millionen DM.

Immer wieder versuchte die Treuhandanstalt Zweifel an ihrer Tier- und Zirkusliebe zu zerstreuen. Also druckte sie in Nummer 10 (Januar 1992) ihrer regelmäßig erscheinenden

*»Knut«, im Zoologischen Garten Berlin im Dezember 2006 geboren, wurde zum weltweiten Medienereignis, weil er von Hand aufgezogen wurde. Die Mutter Tosca nahm ihre beiden Kinder nicht an. Warum? Die 1986 in Kanada geborene Bärin und Teil der berühmten Eisbärengruppe des DDR-Staatszirkuses, so begründeten Tierpsychologen ihr abnormes Verhalten, hatte unter ihrem von der Treuhand verschuldeten Schicksal gelitten. Darum kümmerte sie sich nicht um ihren Nachwuchs*

Informationen folgende Mitteilung: »Manege frei – für Busch und Berolina. Am Potsdamer Platz wo Daimler-Benz, Sony und andere Weltkonzerne demnächst ihre Niederlassungen errichten, gastiert über Neujahr Berlins Zirkus ›Busch/Berolina‹ […] Dompteur- und Dressurnummern sind in der Welt anerkannt, die Artisten möchten jedoch nicht länger auf einem Finanzdrahtseil tanzen. Deshalb haben sich noch kurz vor Weihnachten Zirkusexperten im Auftrage der Treuhandanstalt ein präzises Bild vom Können der Artisten und Tiere gemacht. Ziel: Rettung des in Europa renommierten Zirkus.«

Wer sich hinter den Kulissen auskannte, wusste indes, dass die angeblichen »Zirkusexperten« tatsächlich in aller Eile zusammengetrommelte Treuhandmitarbeiter waren, die am Morgen des 18. Dezember 1991 als »Experten« das Zelt am Potsdamer Platz gefüllt hatten. Zwei Zirkusdirektoren aus den Alt-Bundesländern waren noch eingeladen worden, die diese kuriose Testveranstaltung allerdings nicht sonderlich gespannt verfolgten, weil die Programme, die man ihnen vorführte, bereits bei ihnen gezeigt worden waren. Auftreten mussten die Eisbären von Ursula Böttcher, Siegfried und Helga Gronaus Pferdefreiheit, Peter Johns Elefanten und Sybille Bernsdorf mit ihren Ponys.

Diese Phantom-Vorstellung vom 18. Dezember 1991 war in der deutschen Zirkusgeschichte ohne Beispiel. Journalisten, die darüber berichten wollten, wurden am Eingang abgewiesen.

Am 14. März 1992 erfuhr die Öffentlichkeit, dass in 48 Stunden ein schwarzer Tag für die Berliner Circus-Union zu erwarten sei: Die Raubkatzen des Dompteur-Duos Hanno Coldam (59) und Tochter Marcella (33) würden verkauft werden. Es handelte sich um 16 indische Löwen, die Coldam 1986 vom inzwischen verstorbenen Berliner Tierpark-Direktor Prof Heinrich Dathe als Löwenbabies anvertraut bekommen hatte, Tiere, von denen es in freier Wildbahn nur noch etwa 200 Exemplare gab.

Dem todkranken Coldam war der Vorschlag gemacht worden, die Löwen im Privatbesitz zu behalten. »Soll ich die Käfige auf die Straße vor meine Wohnung stellen?« fragte er. Schließlich kaufte sie der Großwild-Safaripark in Stukenbrock bei Bielefeld. Den Abschied erlebte Coldam nicht mehr, er verließ das Krankenhaus nicht mehr.

Die nächsten Zirkus-Kapitel, die die Treuhand schrieb, waren ähnlich gestrickt: Zirkus Aeros wurde rückwirkend zum 1. Januar 1992 aufgelöst und Busch-Berolina an die Firma »Selekta Circus Entertainment GmbH« verkauft, die niemand in der Branche kannte. Sie inszenierte ein Indianerschauspiel, in dem die Tiere mitwirken sollten. Nach der Premiere in Recklinghausen war alles vorbei. Das Schicksal der weltberühmten DDR-Zirkusunternehmen bewog sogar die *Washington Post*, dem Thema fast eine Seite zu widmen:

»Der Dicke – der Direktor –, der Elektriker und Uwe Schwichtenberg, der legendäre Dompteur. Es war ein Anblick, wie ihn kein Kind je erleben sollte. Offiziell war es nur der letzte Tag des Direktors. Er und die verbliebenen Reste der Mannschaft des ostdeutschen Staatszirkus saßen im Truck-

Shop-Imbiss und füllten den Tisch mit leeren Biergläsern. Die Treuhandanstalt erklärt, dass Sie die alten ostdeutschen Zirkusse zu retten versucht. In Wahrheit ist kein wesentlicher Investor in Sicht, auch nachdem die Treuhand den Zirkus Aeros und die beiden anderen ostdeutschen Staatszirkusse übernommen hat. In Wahrheit haben die Mitarbeiter des Zirkus Aeros bereits die Kündigung erhalten, und mehr als 80 Prozent haben sich entschieden, das Arbeitslosengeld zu beziehen und nicht herumzusitzen und auf Nachrichten von einer Tournee zu warten, die wohl nie beginnen wird. Jeden Tag führt Frank Pietsch die Elefanten zu einer Probe heraus, läßt sie ihre Tricks arbeiten und füttert sie mit Bergen von Waffeltüten, Möhren und Paprika.

›Das sind Tara und Daisy, Jana, Pia, Jenny und Parla‹, sagte er und schritt die Reihe der indischen Elefanten ab, die an die Wände ihres stabilen Stallgebäudes gekettet sind und darauf warten, ihre Pyramiden bauen zu können, auf einer Kugel zu balancieren oder übereinander zu steigen. [...]

›Wir sind die einzigen Arbeiter, die kein Westgeld oder das westliche Leben wollen‹, sagte Gerth, der Elektriker. ›Okay, manche Dinge im persönlichen Leben sind leichter geworden. Man kann alles kaufen. Aber, ehrlich: Mir hat es früher besser gefallen.‹«

Niemand ahnte zu diesem Zeitpunkt, dass die berühmteste aller DDR-Zirkusnummern noch für verzögertes Aufsehen sorgen sollte: die Eisbären-Gruppe.

Ursula Böttcher hatte 1952 als Putzfrau beim Zirkus Busch begonnen, war drei Jahre später zum Zirkus Barlay gewechselt, wo sie ihr Dompteurdebüt mit einer Löwengruppe gab. Am 1964 trat sie mit ihrem Partner mit einer weltweit einmaligen Eisbärendressur auf. Sie gastierte allein sechs Jahre in den USA, war 1976 mit dem Zirkus-Oscar in Spanien ausgezeichnet worden, 1983 beim 9. Internationalen Circusfestival Monte Carlo geehrt, in der DDR erhielt sie den Nationalpreis, und man ehrte sie zudem mit einer Briefmarke. Die Nummer war so berühmt und erfolgreich, dass sie nicht mit dem Staatszirkus unterging.

Schließlich aber endete sie doch und die Eisbären wurden in alle Welt verkauft. »Kenny« und »Ronny« landeten bei einem

Zirkus in Puerto Rico und wurden dort so vernachlässigt, dass US-amerikanische Tierschützer 18 Monate um sie kämpften und sie schließlich im Zoo von Tacoma (USA) unterbrachten.

Danach landete eine der Eisbärinnen im Berliner Zoo, wo sie eine Zwillingsgeburt hatte. Das eine Jungtier starb, das andere wurde mit der Hand aufgezogen und wurde schnell noch berühmter als die Gruppe ihrer Mutter. Sein Name: Knut.

Die Mutter wollte jedoch nichts von Baby Knut wissen, und Tierspychologen erklären das auch als Reaktion darauf, wie die Menschen mit ihr umgegangen waren.

Vor allem die Menschen, die sich als Treuhänder ausgegeben hatten.

# Untergang einer Glas-Metropole

Von der »Bärenhütte« in der Lausitz-Stadt Weisswasser – einst als »Glas-Welthauptstadt« beworben – ist hier die Rede. Lutz Stucka vom Lausitzer Glasring e. V. schrieb in den »Vereins-News« ausgiebig über deren langen Weg, den er in der Überschrift als »(Leidens)Weg« ausgab. Am Beginn seines elften Kapitels, das dem Zeitabschnitt nach 1945 gewidmet war, nannte er Fakten, die heutzutage gemeinhin ignoriert werden – weil es um durchaus positive Erscheinungen der DDR geht: »Für die Kinder der Glasmacher wurden aufwändige Erholungsmöglichkeiten bereit gehalten. Wenn die Eltern in der Glashütte schwer und fleißig arbeiten müssen, dann sollen auch ihre Kinder etwas davon haben, war die damalige Meinung. [...]

Seit dem Jahr 1952 besuchten die Kinder der Betriebsangehörigen das Ferienlager im ehemaligen Schloss Kreba. Ab 1954 gelang es im schönsten Hotel Tharandts, dem ›Stadtbadhotel‹, das Betriebsferienlager des Glaswerks unterzubringen. Die Betriebshandwerker zimmerten daraufhin für jedes Kind ein neues Bett. Die Glasmaler strichen diese hell an, und auch für die Mittagsruhe wurde für jedes Kind ein neuer Liegestuhl gekauft. Das Essen wurde bei schönem Wetter auf der Hotelterrasse serviert, und den Helfern standen Hotelzimmer zur Verfügung. Am 7. Juli 1954 wurden die ersten fünfzig Kinder mit dem Betriebs-Omnibus ans Ferienziel gefahren. Nach drei Wochen kam der zweite Durchgang im Hotel an. Finanziert wurde diese viel bewunderte Erholungsmöglichkeit durch den Sozialfonds des Betriebes, durch die Gewerkschaftskasse und den Zentralvorstand der Industriegemeinschaft (IG) Chemie.«

Von einem Gerhard Lindner vermeldete der Autor, dass der 1955 erstmals in der DDR das neue Siebdruckverfahren im Direktdruck auf Glas einführte. Aus der BRD importierte

Bandkühl-Öfen gestatteten, zweischichtig zu arbeiten. Eines Tages schuf der technische Direktor, Gottfried Bär, die Voraussetzungen einen der dringend benötigten Importöfen selber herzustellen.

»Ein neues Verfahren, welches in der Metallindustrie beim Kleben von Stahlwellen angewandt wurde, brachte einige Glasmacher auf die Idee, damit auch Glas zu kleben. Neunzehn Glasmacher der Bärenhütte schlossen sich zu der Arbeitsgemeinschaft ›Glaskleben‹ zusammen, die zunächst eine manuelle Stielglas-Klebetechnik entwickelten und danach eine vollautomatische Lösung schufen.«

So weit dieser Chronist. Zur umfassenderen Information: Bis 1991 war der ehemalige Kombinatsbetrieb Lausitzer Glas Weißwasser die größte Glashütte der DDR mit bis zu 4.000 Werktätigen.

Um diese Dimension richtig einordnen zu können, sollte man noch mal in die ersten Nachkriegsmonate zurückkehren. Die Kunde, dass jene »Bärenhütte« wieder begonnen hatte, Wirtschaftsglas herzustellen, ließ im fensterlosen Berlin Träume wachsen. Tatsächlich begann man im späteren Farbenglaswerk bald Fensterglas zu produzieren.

In ganz anderer Hinsicht wurden Abgesandte des Westberliner Osram-Konzerns aktiv. Sie verluden aus ihrem Weisswasser-Werk Maschinen der Rohrziehanlage, drei Kolbenblasautomaten, Teile der Sauerstoff- und der Generatorenanlage und karrten sie westwärts: Erster Abbau Ost!

In Weißwasser wurde am 30. Juni 1946, den Beschlüssen der Alliierten folgend, reiner Tisch gemacht. In der Stadt waren 91 Prozent bei der Volksabstimmung über die Enteignung der Kriegsverbrecher dafür, alle, die sich am Krieg bereichert hatten, zu enteignen. Einer der Betroffenen, der Glasunternehmer Gelsdorf hatte sich etwas Ungewöhnliches einfallen lassen, um das zu befürchtende Ergebnis zu seinen Gunsten zu beeinflussen. Er organisierte ein großes Schlachtefest und soll allen, die erschienen, noch ein Paket Fleisch mitgegeben haben. (Ein Glasarbeiter bekam damals auf seine Lebensmittelkarte täglich 25 Gramm Fleisch zugeteilt.)

Der Aufstieg Weisswassers zur Glas-Welthauptstadt vollzog sich danach in den volkseigenen Betrieben Schritt um Schritt.

Der Abstieg begann mit der Machtübernahme durch die Treuhand. 1990 hatte sie die »Bärenhütte« übernommen und geschlossen. Sie verbreitete die Version, die Hütte sei so unverkäuflich »wie ein Sack Lumpen«.

Aber dann tauchten Interessenten auf, und 1997 erschien vor Ort ein aufwändiger Prachtglanzbildband »100 Jahre Peill-Kristall Bärenhütte – ein bedeutender Teil deutscher Glasgeschichte«, in dem Ulrich Klinkert, ehemaliger Parlamentarischer Staatssekretär bei der Bundesministerin für Umwelt, Naturschutz und Reaktorsicherheit (diese Ministerin war Angela Merkel) den Lesern mitteilte: »Das Buch, das Sie in Ihren Händen halten, dokumentiert ein Stück Wirtschaftsgeschichte der Lausitz. Es zeigt uns die Probleme, aber eben auch die Chancen einer Epoche, die mit etwas zeitlichem Abstand vielleicht einmal als zweites deutsches Wirtschafts-Wunder bezeichnet werden wird. Am Beispiel der Peill-Kristall Bärenhütte Weißwasser läßt sich dies exemplarisch belegen. Als 1989 die politische Wende in der ehemaligen DDR stattfand, war es der Wille der übergroßen Mehrheit der Menschen, die Einheit Deutschlands und damit auch soziale Marktwirtschaft zu erreichen. Auch für die Glasmacher in Weißwasser brach damit eine Zeit an, die voller Hoffnungen steckte.«

Erklärt werden muss dem möglicherweise überraschten Leser, dass jene Firma Peill, die sich da von einem BRD-Staatssekretär als Retter der Glasindustrie rühmen ließ, in ihren heimischen – altbundesdeutschen – Gefilden zwar in Konkurs geraten, der Treuhand aber dennoch als würdiger Erbe der »Bärenhütten«-Tradition erschienen war. Faktisch hatte sie die Hütte auf dem Weg zum Konkursrichter auf dem Treuhand-Flohmarkt gekauft und feierte nun ungerührt den 100. Jahrestag der Firmen-Gründung. Eine typische Treuhand-»Wiederauferstehung«.

Doch die Hymne des Staatssekretärs war noch nicht beendet. »Eine der ersten großen Enttäuschungen war sicher die von der Treuhand 1991 verfügte Schließung der Bärenhütte. Eine in den Jahren der Planwirtschaft veraltete und zerschlissene Technik, wegbrechende Absatzmärkte in Osteuropa und die übergroße internationale Konkurrenz ließen zunächst keine Zukunft für dieses traditionsreiche Unternehmen erkennen.«

Das war eine der vielen Lügen, die damals am Band produziert wurden. Über den tatsächlichen technischen Standard der Bärenhütte hätten Zeugen in Kompaniestärke Auskunft geben und den Staatssekretär wegen Verstoßes gegen die StgB-Paragraphen 186 (Üble Nachrede) und 187 (Verleumdung) anzeigen können.

Klinkert fuhr jedoch unbekümmert fort: »Vor allem die qualifizierten und hoch motivierten Menschen am Standort Weißwasser waren ausschlaggebend, dass sich 1992 doch noch ein Investor fand, der dem Betrieb neues Leben einhauchte. Leider war aber sein Atem zu kurz, so dass der Betrieb 1993 von der Wirtschaftsförderungsgesellschaft übernommen wurde, die allerdings den zweiten Konkurs 1994 nicht verhindern konnte. Und was an anderer Stelle das Ende eines Standortes ist, wurde in der Bärenhütte zu einem neuen Anfang. Nicht nur ein neuer Name ›Peill-Kristall Bärenhütte GmbH‹, auch eine neue Unternehmensphilosophie sorgten für einen bis dahin noch nicht gekannten Aufschwung im Unternehmen.«

Wer hätte da nicht Mühe zu folgen?

Treuhand-Schließung, dann drei Konkurse und plötzlich der große »Aufschwung« durch eine andernorts pleite gegangene Firma!

Was der Staatssekretär nicht erwähnte: Jeder neue »Investor« spekulierte nur auf die Fördermittel, die meist auf verschlungenen Pfaden spurlos verschwanden.

Einer der vielen Helden der »Rettung« der »Bärenhütte« war angeblich ein gewisser Dr. Merkle. Er hätte ein »Unternehmenskonzept entwickelt, das auch die sächsische Staatsregierung überzeugte und daraufhin ihrerseits mit Investitionen beisprang«.

Und weiter verkündete der Staatssekretär schwarz auf weiß: »Peill-Kristall Bärenhütte ist aber mit dem Erreichten nicht zufrieden und sucht ständig nach technischen Innovationen und Kreationen. Nur dadurch ist es möglich, sich auf einem international hart umkämpften Markt zu behaupten und seine Position auszubauen.

Und wer einmal die Gelegenheit hat, in Paris, New York, Hongkong oder San Francisco ein Glasgeschäft zu besuchen, der wird vielleicht auch Erzeugnisse der Peill-Kristall Bärenhütte finden, gefertigt von den geschickten Händen der Glasmacher aus Weißwasser.«

»Retter« Merkle wurde von der Lokalzeitung mit folgenden imponierenden Leistungen gerühmt: »Merkle hat Briefbögen mit Firmenkopf organisiert, hat ein Warenlager eingerichtet, hat den Versand versandfähig gemacht, hat einen Stand auf der Fachmesse besorgt.«

Vor allem aber: »Sämtliche Arbeitnehmer, rund 140 an der Zahl, wurden übernommen. Für fünf Jahre steht der Erwerber dafür ein, jährlich 100 Vollzeit-Arbeitsplätze zu halten.« Und obendrein hatte Merkle auch noch jenen Bildband initiiert: »Dieses Buch ist Herrn Rechtsanwalt Uwe Ludwig Alheidt gewidmet, ohne dessen Einsatz die wechselvolle Geschichte der Bärenhütte im Sommer 1994 nach knapp 98 Jahren ihr Ende gefunden hätte.«

Dann erfuhr man, wie der erste Anlauf der Firma Peill gescheitert war: »Der Versuch, sich 1993 mit der ›Bärenhütte‹ in Weißwasser bessere Marktpositionen im Osten Deutschlands zu sichern, schlug zunächst fehl.«

Bessere Marktpositionen? Gesucht in den Trümmern der DDR-Glasindustrie, deren Märkte angeblich alle »weggebrochen« waren?

Dann: »Managementfehler und die Auslagerung der Produktion wichtiger Erzeugnisgruppen nach Weißwasser schwächte das gesamte Unternehmen nachhaltig. Nach dem Konkurs im Jahre 1994 verkaufte das Dürener Unternehmen seine Marke ›Peill‹ an die ›Bärenhütte‹. Der Versuch die heimatliche Glasherstellung in Düren wieder anzukurbeln, ging daneben. Die Produktion wurde 1996 in Düren endgültig eingestellt. Die Bärenhütte erfüllte die Qualitätsmarke ›Peill‹ unter Leitung der neuen Geschäftsleitung wieder mit Leben und erschließt ihr immer neue Absatzmärkte.«

Unfassbar: Die »zerschlissene«, »marode«, von der Treuhand aufgegebene »Bärenhütte« sanierte die Firma »Peill«! Und wie: »Heute hat die Marke ›Peill‹ fast schon wieder ihren alten Glanz.«

Noch einmal: Diese Jubel-Chronik erschien mit Staatssekretär-Prolog im Frühsommer 1997.

Am 31. Juli 1997 ging die »Bärenhütte« in ihren letzten Konkurs. Und über den so rührigen Merkle verlautete plötzlich, dass er in den alten Bundesländern mindestens drei Firmen in die Pleite geführt hatte.

Allerdings: Alles, was an der »Bärenhütte« nicht niet- und nagelfest war, wurde vom Konkursverwalter noch verschleudert. Ohne schreiende Schilder »Sonderangebot«, sondern eher unter der Hand.

Und nicht einmal ein kleines Schild erinnert daran, dass zu DDR-Zeiten hier einst 1.400 Frauen und Männer Lohn und Brot gefunden hatten.

Dafür blieben die Medien ihrer fatalen Rückwende-Gewohnheit treu und meldeten in regelmäßigen Abständen, dass neue Investoren auf der Matte stünden. Zum Beispiel meldete die *Sächsische Zeitung:* »Die Herner Glas GmbH aus Nordrhein-Westfalen übernimmt die Bärenhütte. ›Das Ob ist keine Frage mehr, sondern das Wann‹, sagte Prokurist Gerd Heider auf *SZ*-Anfrage. Die Finanzierung stehe, alles sei abgesichert. Voraussichtlich im Frühjahr würden für zehn Millionen Mark Maschinen für die Beleuchtungskörper-Produktion installiert.

*Demonstration vor der Berliner Treuhandanstalt, 30. Juni 1992*

Die Herner Glas GmbH will nach Heiders Angaben fünfzig Arbeitsplätze schaffen.«

Heute kann sich in Weißwasser kaum jemand mehr an all die »Investoren« erinnern, die da vorgesprochen haben sollen.

Ein Weißwasseraner, der in der volkseigenen Glasindustrie nicht nur Lehrling war, erinnerte sich der frühesten Erlebnisse mit den »Befreiern«:

»Die ersten, die damals aus dem Westen hier auftauchten, waren aus Zwiesel. Wir kannten ihre Namen nicht, nannten sie nur die Zwieseler. Aber wir horchten uns auch um: Zwiesel ist ein Luftkurort in Niederbayern, nicht weit von Passau. Dort war das Zentrum der westdeutschen Glasindustrie, schon lange Jahre. Die also rollten als Erste hier ein, freundlich, verbindlich, benahmen sich wie Notärzte, die uns aus dem Koma retten wollten. Sie taten so, als wäre es höchste Zeit, uns beizubringen, wie man Glas herstellt und danach noch, wie man Gläser produziert, aus denen man trinken kann. Dann erwies sich bald, dass sie nur herausfinden wollten, was wir wie produzierten. Und sie wollten vor allem in Erfahrung bringen, wie man es anstellen müsste, um unsere Hütten für'n Appel und ein Ei bei der Treuhand abzufassen. Die Bosse aus Zwiesel interessierten sich nur für unser Bleikristall. Man muss wissen, dass sie in Bayern kein Bleikristall produzierten und schnell begriffen: mit ihrem Wirtschaftsglas konnten sie unseren farbigen Gläsern nicht das Wasser reichen.«

Derlei kann man rundum stundenlang hören. Immer wiederkehrender Tenor: Die waren damals gekommen, um sich über unsere Glasindustrie zu informieren und das mit der Absicht, sie eines Tages ausschlachten zu können. Aber sie waren immer freundlich, immer guter Dinge, auch spendabel.

Mancher Weißwasseraner glaubte allen Ernstes, eine neue Zeit sei angebrochen. Und auch die Losung von den blühenden Landschaften wurde geglaubt. Heute kann sich kaum noch jemand daran erinnern. Und viele von denen, die damals so optimistisch waren, sind längst weggezogen.

Die Glasindustrie, die einst Weisswassers Bild prägte, ist fast verschwunden. Die Zahl der Einwohner der Stadt schwand von 35.430 (1990) auf 20.298 (2008).

Die »Bärenhütte«, einst Stolz der Stadt, sollte in einen Gewerbepark umgewandelt werden. Nur – meldete die *Lausitzer Rundschau* 2004 – es war so gut wie nichts von ihr übriggeblieben. »Die leerstehende Immobilie wirkte wie ein Magnet auf ungebetene Gäste. ›Inzwischen sind Vandalismus und Diebstahl fast abgeschlossen‹, berichtete die Stadtverwaltung. Es gäbe kaum noch etwas zum Zerschlagen und Stehlen. Selbst die Umzäunung sei schon zum Diebesgut geworden.«

Auch hier gilt: Frau Breuel lässt grüßen!

# Nadelstreifen genügte

Seitdem Günter Wallraff den investigativen Journalismus in Deutschland literarisch etablierte, eifern ihm viele nach, ohne seine Qualität zu erreichen. Im Vorwort zu seinem Buch »Ganz unten« schrieb er: »Man muss sich verkleiden, um die Gesellschaft zu demaskieren« und formulierte damit eine Grundregel dieses journalistischen Sektors.

Die kriminelle Treuhand bot sich als ideales Feld für dieses Gewerbe an und forderte weder Maskenbildner – wie Wallraff sie zuweilen benötigte – noch sonstige Veränderungskünstler.

Der Fernsehjournalist Jörg Heimbrecht hatte sich für *Monitor*-Fernsehreportagen schlicht als »Kunde« bei der Treuhand angemeldet. Das genügte. Was er erlebte, schrieb er später in einem Beitrag nieder, der 1993 unter dem Titel »Verramscht und stillgelegt« im Buch »Die Treuhand und die zweite Enteignung der Ostdeutschen« in der Münchner edition Spangenberg erschien:

»Die beiden Herren in den dunkelblauen Nadelstreifenanzügen werden sofort vorgelassen. Schließlich vertreten sie ja auch ein milliardenschweres Firmenkonsortium, das Treuhandfirmen kaufen will. Das jedenfalls hatten sie der Treuhand mitgeteilt. Jetzt sitzen sie im Konferenzraum des zuständigen Abteilungsleiters in der Treuhandzentrale. Der hat schon zwei Angebote vorbereitet, von denen Arbeiter und Manager von Treuhandbetrieben nur träumen konnten:

Eine Magnetbandfabrik mit einem Schätzwert von 75 Millionen DM wird ihnen für weniger als 50 Millionen offeriert. Und eine Filmfabrik mit 240 Millionen DM Jahresumsatz sogar zum Negativkaufpreis. Die Treuhand will den Betrieb nicht nur verschenken, sie will den Interessenten bei Übernahme großzügig noch 170 Millionen DM zuzahlen.

Die Fabriken und die Treuhandangebote sind echt. Die seriösen Geschäftsleute aber waren in Wirklichkeit nicht für einen multinationalen Großkonzern, sondern für das Fernsehmagazin *Monitor* unterwegs. Mein Kollege, der Journalist H.-C. Schultze, und ich wollten Vorwürfe überprüfen. Vorwürfe, dass die Treuhand Betriebe weit unter Wert verramscht und die potentiellen Käufer nur unzureichend überprüft, dass die Sicherung von Arbeitsplätzen bei der Treuhand nur eine untergeordnete Rolle spielt und die Treuhand ihren Betrieben kaum das Geld für notwendige Investitionen gibt, die das Überleben der Betriebe erleichtern und Arbeitsplätze sichern helfen. Und den Vorwurf, dass die West-Konkurrenz bei Entscheidungen der Treuhand ihre Finger mit im Spiel hat.

Dazu ›gründen‹ wir eine Scheinfirma: die Unternehmensberatung EuroConsult. Das Unternehmen mit den angeblich weltweiten Verbindungen hat keine eigenen Büroräume und ist Untermieter in meinem Kölner Journalistenbüro. Der Betrieb steht weder im Handelsregister noch im Telefonbuch. Sein einziges Betriebskapital besteht aus einem Firmenschild und einem Briefkasten.

Meine Kollegin Brigitte Venator spielt unsere Sekretärin, ich bin der EuroConsult-Chef Dr. J. R. Weinberger, mein Kollege Hans-Carl Schultze tritt als mein Assistent auf. Bei der Treuhand melden wir uns per Fax an: Für unseren erfundenen Auftraggeber, einen natürlich nicht existierenden amerikanisch-japanischen Chemiekonzern, suchen wir zum Verkauf stehende Chemiebetriebe und Grundstücke für den Neubau einer riesigen Pestizid- und Arzneimittelfabrik. Dass wir den Namen unseres Auftraggebers nicht preisgeben wollen, macht die Treuhand nicht misstrauisch. Schließlich sind wir standesgemäß im geliehenen Mercedes, natürlich mit Autotelefon und Klimaanlage, vorgefahren. Als Beweis dafür, dass wir tatsächlich milliardenschwere Kaufinteressenten vertreten, reichen unsere fotokopierten Visitenkarten völlig aus. Und schließlich treten wir ja auch mit genauso unverschämten Forderungen an die Treuhand heran wie viele unserer echten Unternehmerkollegen.

So machen wir unserem Gesprächspartner, Prof. Schraufstätter, Direktor des Unternehmensbereichs ›Chemie‹ bei der Treuhand, gleich zu Beginn des Gespräches klar, dass unsere Auftraggeber nicht bereit seien, Garantien dafür abzugeben, dass die in Aussicht gestellten Investitionen in Höhe von 2,5 Milliarden Dollar auch wirklich investiert werden. Er hatte wohl damit gerechnet. Und er hat auch keine Einwände, als er erfährt, dass wir unseren Giftmüll im betriebseigenen Kraftwerk verbrennen wollen.

Den ersten Verhandlungserfolg können wir innerhalb weniger Minuten verbuchen: Wir bekommen schriftlich, dass die Kosten für die Altlastensanierung von der Treuhand übernommen werden. Unser Verhandlungspartner, Prof. Schraufstätter, zeigt sich zufrieden. Er bietet uns die Traditionsfirma Wolfen und die Magnetbandfabrik in Dessau zum Kauf an und empfiehlt uns, vor Ort mit den Vorständen der Treuhandunternehmen weiter zu verhandeln.

Erste Station: Dessau. Die Firma wurde 1972 mit modernster Technik ausgestattet und produziert heute qualitativ hochwertige Magnetbänder für Computer und Audiokassetten. Die finden auch auf dem Westmarkt immer mehr Anklang. Eine bekannte westliche Unternehmensberatung, die die Firma auf Herz und Nieren überprüft hat, kommt denn auch zu dem Schluss, dass die Dessauer Magnetband wirtschaftlich rentabel arbeiten kann und gute Zukunftsaussichten hat. ›Der Betrieb rechnet sich schon heute‹, sagt uns die Geschäftsleitung, das habe auch die Treuhand bestätigt. 436 Arbeitsplätze könnten aus eigener Kraft erhalten bleiben.

Dennoch will die Treuhand den Betrieb an uns – angebliche Westinvestoren – verkaufen.

Werksbesichtigung: Direkt neben dem bestehenden Betrieb könnten wir unsere Chemiefabrik errichten. Nur dass wir hier auch Pestizide herstellen wollen, sollten wir zunächst lieber verschweigen. Es könnte zu Unruhe bei den Anwohnern kommen. Kein Wunder: Unmittelbar neben dem Werksgelände wohnen Menschen.

Und ihre Arbeitsplätze? Wir machen die Nagelprobe und bieten dem Verkäufer statt der möglichen 436 nur 350 Arbeitsplätze an. Die für die Verkaufsverhandlung von der Treuhand beauftragte Unternehmensberatung läßt sich tatsächlich darauf ein. Es ist die Firma Metzler-Consulting aus Frankfurt. Sie legt uns ein erstes Verkaufsangebot vor:

Verhandlungsbasis 50 bis 60 Millionen DM. Das sollen wir für die Dessauer Magnetband GmbH bezahlen. Dr. J. R. Weinberger zeigt sich empört: ›Viel zu teuer!‹ Das genügt – der Treuhand-Verkäufer gibt nach. Selbstverständlich könne man auch über einen Preis unter 50 Millionen reden. Und natürlich bekommen wir auch die DM-Eröffnungsbilanz und das komplette Sanierungskonzept. Alles interne Firmenunterlagen mit wertvollen Informationen für die Konkurrenz.

Anhand dieser Papiere haben wir von einem unabhängigen Wirtschaftsprüfer den Wert des Betriebes ermitteln lassen, der ihn auf mindestens 75 Millionen DM schätzt. Der Betrieb sollte also weit unter Wert verschleudert werden.

Wir packen die Koffer und machen uns auf den Weg zum nächsten Treuhandangebot, zur Filmfabrik Wolfen. Wir werden erwartet. Die Treuhand hat den Besuch des milliardenschweren Investors vorbereitet und die Termine für uns abgesprochen. Vor der Wende arbeiteten hier 15.000 Menschen. Bis zur letzten Schraube wurde in betriebseigenen Werkstätten alles selbst hergestellt. 1936 entstand hier der erste Farbfilm der Welt, und zu DDR-Zeiten versorgte das Unternehmen den halben Ostblock mit Filmen.

Nicht alles ist hier marode und verkommen. Das Filetstück ist die Foto-Film-Produktion. Man ist im Besitz moderner Produktionsanlagen aus dem Westen – kurz vor der Wende gekauft. Die Filmfabrik Wolfen hat sogar aus eigener Kraft einen neuen Farbfilm entwickelt, der auch im Westen konkurrenzfähig ist und von der Stiftung Warentest mit ›gut‹ bewertet wurde. Investitionen wären dringend erforderlich, könnten Arbeitsplätze retten.

Aber der Betrieb hängt in der Luft, hat keine Gelder für notwendige Investitionen. Im Gegensatz dazu drängt man uns das Geld förmlich auf. Sogar ein Negativkaufpreis sei drin, erfahren wir. Im Klartext: Wir bekommen die Filmfabrik Wolfen geschenkt. Uns wird sogar ein Investitionszuschuss von 120 Millionen DM in Aussicht gestellt, und das, obwohl wir erklärt hatten, wir könnten Arbeitsplätze nur für drei Jahre garantieren. Wir sind beeindruckt, wie sehr sich der Vorstand für die Beschäftigten und ihre Arbeitsplätze einsetzt. Er hätte aber noch viel mehr tun können, wenn ihm die Treuhand die Gelder zur Verfügung gestellt hätte, die sie uns schon nach kurzen Gesprächen in Aussicht gestellt hatte. Damit hätte sie die Sanierung des Betriebes finanzieren können.

Wir angeblichen Dollarmilliardäre werden nicht nur von der Treuhand unterstützt. Was uns Bund und Länder zusätzlich an Subventionen schenken, das wollen wir von der Landesregierung erfahren.

Unserer Bedeutung entsprechend bekommen wir innerhalb von nur zwei Tagen einen Termin bei Horst Rehberger, dem Wirtschaftsminister des Bundeslandes Sachsen-Anhalt. Sein Haus erweist sich als eine wahre Goldgrube. Er möchte uns den Kauf der beiden Betriebe schmackhaft machen. ›Überlegen Sie doch mal, was Ihnen allein schon gesetzlich zusteht.‹ Wieder sind wir beeindruckt. Die Unternehmensberatung KPMG hat ausgerechnet, was für uns alles rausspringt:

• Investitionszulagen
• Zuschüsse
• Sonderabschreibungen
• Steuererleichterungen.

Von je 100.000 DM an Investitionen übernimmt der Staat großzügig bis zu 63.400 DM, d. h. wir zahlen nur 36.600 DM. Der Rest wird uns geschenkt. Zusätzliche Subventionen gibt es für den Bau einer Kläranlage ebenso wie für den Bau einer Anlage zur Giftmüllverbrennung. Für den Strom müssen wir nur 10 Pfennig pro Kilowattstunde bezahlen. Zum Vergleich: Die Filmfabrik Wolfen muss 13 Pfennig aufbringen. Subventionen für uns: über 10 Millionen DM pro Jahr. Und noch mehr Geld aus öffentlichen Kassen wird uns versprochen. Der Minister läßt uns wissen: ›Weitere Förderprogramme sind denkbar.‹

Wir sind zufrieden. Wir dürfen für unsere Pestizidproduktion sogar das knappe Grundwasser abpumpen. Autobahnanschluss und die komplette Infrastruktur werden kostenlos zur Verfügung gestellt. Darüber brauchen wir gar nicht erst zu verhandeln. Wir wissen genug und ziehen am Ende der Reise Bilanz. Unser Verhandlungsergebnis:

Von 4,4 Milliarden DM Einsatz bekämen wir bis zu 3,3 Milliarden DM an öffentlichen Geldern geschenkt, eine Summe, mit der ein großer Teil der östlichen Chemiebetriebe saniert und modernisiert werden könnte.

Wir lösen unsere Scheinfirma auf. Sie hat ihre Aufgaben erfüllt.

In nur zwei Wochen Verhandlungen haben wir Zusagen bekommen, von denen ehemalige DDR-Betriebe wie die Filmfabrik Wolfen nur träumen können. Dabei hatte die Firmenleitung der Filmfabrik schon vor der deutschen Vereinigung begonnen, den Großbetrieb auf die Marktwirtschaft vorzubereiten. Unrentable Betriebsteile wurden stillgelegt. Zuliefererbetriebe ausgegliedert und privatisiert und eine Beschäftigungsgesellschaft zur Sanierung der Umweltaltlasten ins Leben gerufen. Aber all das konnte den enormen Verlust an Arbeitsplätzen nicht wettmachen: Von früher 15.000 Filmwerkern der Region haben in den letzten zwei Jahren mehr als zwei Drittel, über 10.000 Menschen allein bei der Filmfabrik Wolfen, dem größten Arbeitgeber, ihren Arbeitsplatz verloren.

In der tristen Trabantenstadt Wolfen-Nord ist die Arbeitslosigkeit besonders hoch. Armut, Resignation, Langeweile und Alkoholismus breiten sich aus. Hier steigt die Kriminalität ebenso steil an wie die Selbstmordrate. Und viele ehemalige Filmwerker haben mangels anderer Investoren nicht die geringste Chance auf einen neuen Arbeitsplatz.

Es ging lange Zeit abwärts, obwohl die Filmfabrik trotz der harten Konkurrenz nach Einschätzung gleich mehrerer Unternehmensberatungen mit ihren hervorragenden Schwarzweiß- und Farbfilmen zu konkurrenzfähigen Preisen eigentlich gute Chancen auf dem Markt hätte.

Trotzdem ist die Stimmung unter den Beschäftigten gedrückt. Kein Wunder: Seit der Wende sind sie mehrfach um ihre Hoffnungen betrogen worden. Es drängt sich der Eindruck geradezu auf, dass die West-Konkurrenz bei Treuhand-Entscheidungen ihre Finger mit im Spiel hat.

Zum Beispiel als die Bayer-Tochter und Filmfabrik-Konkurrentin AGFA 1989 Kooperationsverhandlungen anbot. Das brachte zwar der Filmfabrik nicht den erwarteten Aufschwung, dafür aber AGFA in den Besitz zahlreicher Interna über Produkte, Kunden und Lieferanten der Konkurrenz. Noch während der Kooperationsgespräche ging bei Wolfen der Verkauf ihrer Filmmarke ORWO drastisch zurück. Fotohändler bekamen damals Besuch von Vertretern, die sich als AGFA-Mitarbeiter ausgaben. Die Vertreter boten an, AGFA-Filme gegen hohen Rabatt zu liefern und sämtliche ORWO-Filme zum vollen Ladenpreis aufzukaufen. Allerdings nur dann, wenn sich die Händler bereit erklärten, in Zukunft in ihrem Sortiment keine ORWO-Filme mehr zu führen. Ein glatter Verstoß gegen das Wettbewerbsrecht. AGFA bestreitet an den illegalen Geschäften beteiligt gewesen zu sein: Die Vertreter – so die Firma – seien in Wirklichkeit gar keine AGFA-Mitarbeiter gewesen, sondern hätten sich fälschlich als solche ausgegeben.

Der für die Filmfabrik Wolfen verantwortliche Abteilungsleiter war bis Ende Juni 1991 Treuhand-Direktor Prof. Schraufstätter, der Verhandlungspartner unserer Scheinfirma. Er kam nicht von AGFA, sondern von der AGFA-Eigentümerin, der Leverkusener Bayer AG, zur Treuhand.

Dort durfte er dann über die Zukunft des AGFA-Konkurrenzbetriebes, der Filmfabrik Wolfen, mitentscheiden. Die Treuhand zeigte ein auffallend geringes Interesse an der Vermarktung des neuen ORWO-Farbfilms. So als die Filmfabrik

*Im brandenburgischen Premnitz, einer Kleinstadt 65 km westlich von Berlin, wurde das Chemiefaserwerk »Friedrich Engels«, der größte Arbeitgeber der Region, von der Treuhand privatisiert. »Durch den Abbau von Arbeitsplätzen stieg die Arbeitslosigkeit stark an, was zu einer Abwanderung vieler Einwohner führte. Premnitz ist Höchstfördergebiet der EU« heißt es heute dazu lakonisch unter* http://de.wikipedia.org/wiki/Premnitz *im Internet. – Wiederholt ziehen 1992 die Premnitzer vor die Treuhandanstalt in Berlin und protestieren*

im Jahr 1991 eine Werbekampagne für ihren neuen Farbfilm durchführte. Der ehemalige ORWO-Werbeleiter Lothar Schwarz: ›Nach etwa acht Wochen, als die Kampagne auf dem Höhepunkt war, hat sich Herr Schucht, Vorstandsmitglied für Chemie bei der Treuhand, über die Medien gemeldet. Herr Schucht erklärte, dass man das Geld für die Entwicklung des neuen Filmes genausogut durch den Schornstein hätte jagen können. Und die zweite Äußerung von Herrn Schucht war, dass man diese Filme genauso in gleicher Qualität massenhaft woanders produzieren und auch beziehen kann. Das heißt, dass diese Produkte eigentlich nicht benötigt würden am Markt.‹

Die Kunden der Filmfabrik waren verunsichert. Die Treuhand hatte ihrem eigenen Betrieb die Werbekampagne kaputtgemacht. Auch an der dringend nötigen Erneuerung von

*Am 9. Oktober 1992 findet vor lediglich zwei Dutzend Abgeordneten im Bundestag eine Aktuelle Stunde zum Thema »Wirtschaftliche Situation in Ostdeutschland – Praktiken der Treuhand am Beispiel der Vorgänge um die Märkische Faser AG in Premnitz« statt. Die Firma war von einem Schweizer am 1. Januar 1992 erworben worden. Zunächst flogen 5.000 Beschäftigte auf die Straße, nunmehr stehen die restlichen 2.155 zur Disposition. Die Bundestagsabgeordnete Enkelmann verglich den »überforderten« Eigentümer mit einem, der ein Pferd erworben habe, obwohl er keine Ahnung vom Reiten hätte.*

Produktionsanlagen zeigte die Treuhand kein Interesse. Dabei hat die weltbekannte Unternehmensberatung Roland Berger die Filmfabrik schon Ende 1990 als sanierungsfähig eingestuft. In ihrem Gutachten fordert sie: ›Modernisierung durch Investitionen zum Abbau des technologischen Rückstandes, zur Verbesserung und Sicherung der Qualität der Erzeugnisse und zur drastischen Kostensenkung.‹

Geld von der Treuhand gab es trotzdem nicht. Die gab dafür erst einmal ein neues Gutachten in Auftrag. Als auch das für die Filmfabrik positiv ausfiel, gab es immer noch kein Geld. Dafür beschäftigte sich der sogenannte Lenkungsausschuß Chemie mit der Filmfabrik. Er war von der Treuhand eingesetzt worden, um Konzepte für die gesamte ostdeutsche Chemieindustrie zu untersuchen und zu entwickeln.

Für jeden Großchemie-Standort war ein Projektteam zuständig. Das Team für Bitterfeld wurde in der Treuhand von dem schon bekannten Prof. Schraufstätter betreut. Auch für die Buna-Werke war ein Mann zuständig, der von Bayer kam und inzwischen sogar in den Vorstand des Bayer-Konzerns aufgerückt ist: Manfred Pfleger.

Die gleiche Karriere bei Bayer machte sein Kollege Pol Bamelis, der das Projektteam Leuna betreute. Das Team für Wolfen und damit zuständig für die Filmfabrik, wurde bis März 1991 vom Geschäftsführer des Fotoindustrie-Verbandes, Rainer Schmidt, betreut. Vorsitzender des Verbandes und Chef von Schmidt ist Klaus Gerlach, Vorstandsvorsitzender von AGFA. Und AGFA gehört auch wieder zu Bayer.

Der Lenkungsausschuss empfahl weitere Entlassungen bei der Filmfabrik. Ein weiteres Mal wurde eine Unternehmensberatung beauftragt, das Sanierungskonzept der Filmfabrik zu überprüfen. Ergebnis: wieder positiv. Geld für Sanierungen gab es von der Treuhand – wen wundert es – immer noch nicht. Die Filmfabrik gab dennoch nicht auf. Dazu Hartmut Rönnike, Betriebsratsvorsitzender der Filmfabrik: ›Nachdem sich die Treuhand bis dahin immer noch nicht gerührt hatte, haben wir, mit einer neuen Geschäftsleitung im Februar 1992 ein nochmals überarbeitetes Konzept eingereicht, das dann von der Treuhand zunächst mündlich bestätigt wurde.‹ Frage: ›Ist denn jetzt endlich sichergestellt, dass die Filmfabrik auch wirklich saniert wird?‹ Rönnike: ›Davon sind wir damals auch ausgegangen. Aber in einer Beratung im April bei Herrn Dr. Schucht wurde uns eindeutig gesagt, dass die Treuhand als Zielstellung hat, im Dezember 1992 entweder zu privatisieren oder zu liquidieren.‹

Auf Druck von Betriebsleitung und Betriebsrat überwies die Treuhand inzwischen einen Teilbetrag von 20 Millionen DM. Von dringend benötigten 82 Millionen, die dem Betrieb den Sprung in die schwarzen Zahlen hätten ermöglichen können. Erst nach mehreren Demonstrationen von Betriebsrat und Belegschaft und nach zwei weiteren Fernsehsendungen über die dramatische Entwicklung bei der Filmfabrik entschied der Treuhand-Vorstand am 17. November 1992, die Filmfabrik zumindest bis Ende 1993 am Leben zu erhalten und bis dahin weitere Gelder für die Sanierung bereitzustellen. Eine Entscheidung, die nach dem ersten positiven Gutachten, das bereits 1990 der Filmfabrik die Sanierungsfähigkeit bescheinigt hatte, nötig gewesen wäre.

Die späte Bereitschaft der Treuhand, die Sanierung der Filmfabrik aktiv zu unterstützen, hatte katastrophale Folgen: Nicht wenige Unternehmer überlegten sich, ob sie einen Film anbieten sollten, von dem sie nicht sicher waren, ob er einige Monate später noch produziert würde. Und zahlreiche hochqualifizierte Fachleute, die dringend für die Sanierung benötigt wurden, zogen ihre Konsequenzen und suchten sich woanders einen Job.«

# Die Kühlschrank-Schlacht

Es wimmelt von Beispielen, die das Zusammenwirken der Treuhand mit altbundesdeutschen Konzernen offenbaren. Eines von den vielen ist DKK Scharfenstein.

Das 1927 im sächsischen Scharfenstein gegründete Werk zur Herstellung von Kleinkälteerzeugnissen, hatte 1946 den Auftrag erhalten, Kälteverdichter für einen Berliner Betrieb zu produzieren, empfahl sich damit und wurde schon bald zum größten Hersteller für Gewerbe- und Haushalskühlgeräte in der DDR, der allein mehr als eine Million Haushaltskühlschränke produzierte.

Nach der Wende mühte sich die Treuhandanstalt vergeblich, das Werk so schnell wie möglich loszuschlagen.

Man muss wissen: In jener Zeit tobte hinter den Kulissen ein erbitterter Kampf der Kühlschränke produzierenden Konzerne mit Greenpeace, das schon in den 80er Jahren begonnen hatte, eine Kampagne gegen den Ozonkiller FCKW, der in allen Kühlschränken verwendeten Kühlflüssigkeit zu führen. Als die Chemieindustrie das noch gefährlichere FKVJ als »Ersatz« präsentierte, dehnten die Umweltschützer ihre Aktivitäten auf dieses Produkt aus. Die Chancen, sich damit durchzusetzen waren jedoch relativ gering, da die Hersteller eine geschlossene Front formiert hatten.

Greenpeace setzte den Kampf unbeirrt fort, auch als der Kampagneleiter Wolfgang Lohbeck damit konfrontiert wurde, dass die Chemieindustrie zum Gegenschlag ausholte. Sie ließ bundesweit Flugblätter verteilen, auf denen demagogisch behauptet wurde, Greenpeace nehme den Tod von Kindern in der Dritten Welt in Kauf, weil ohne FCKW/FKVJ Impfstoffe dort nicht mehr gekühlt werden könnten. Lohbeck: »Das war der Punkt, an dem wir gesagt haben, wir müssen nach einer ganz anderen Lösung suchen.«

In dem Labor des Dortmunder Hygiene-Instituts trafen die Greenpeace-Leute einen Mediziner, der sie gelassen fragte:

»Wo ist das Problem? Ich kühle immer mit Butan/Propan.«
Damit war eine Lösung gefunden, doch brauchte man nun
einen Hersteller, der sie realisierte. Lohbeck später: »Den
schenkte uns die Wiedervereinigung. Der größte ostdeutsche
Kühlschrankhersteller, DKK Scharfenstein, später in Foron
umbenannt, stand unmittelbar vor der Liquidierung durch
die Treuhand. Von rund 5.000 Arbeitsplätzen waren noch
1.700 übrig geblieben. DKK sah in dem Angebot, den Kühlschrank ›Greenfreeze‹ herzustellen, die einmalige Chance und
griff zu.«

Die Antwort der Treuhand war der Versuch, das Werk
über Nacht abzuwickeln. Lohbeck: »Greenpeace und Foron
wollten damals gemeinsam eine Pressekonferenz abhalten.
Die Treuhand verbot das kategorisch. Foron ignorierte das
Verbot. Die Treuhand wurde aggresiv und schickte einen ihrer
Leute per Hubschrauber. Der drängelte sich aufs Podium und
wollte die Veranstaltung an sich reißen. Mit dem Ergebnis,
dass er von 170 Journalisten ausgebuht wurde. Bessere Wer-
bung konnten wir gar nicht bekommen.«

Greenpeace investierte 26.000 Mark, damit DKK Scharfenstein zehn Prototypen des ersten FCKW- und FKW-freien
Kühlschranks produzieren und testen konnte. Den Namen
»Greenfreeze« hatte Wolfgang Lohbeck schon vorher popula-
risiert. Es begann ein dramatischer Wettlauf. Die Treuhand
wollte Scharfenstein liquidieren, die »Chlorreichen Sieben« –
scherzhafte Bezeichnung für die westdeutschen Kühlschrankhersteller Bosch, Siemens, Liebherr, Miele, Electrolux, AEG
und Bauknecht – hofften, sich mit der »freiwilligen Selbstver-
pflichtung« behaupten zu können, dass sie ab sofort FCKW
durch R134a ersetzen wollten und danach ihre Kühlschränke
als »Ökogeräte« verkauften.

Im August 1992 hatte Greenpeace seine Anzeigenkampa-
gne für »Greenfreeze« gestartet und war mit dem Kühlschrank
kreuz und quer durch die Bundesrepublik auf Werbetour
gegangen. Scharfenstein wollte überleben und Greenpeace die
Ökolüge der »Chlorreichen Sieben« entlarven. Die Werbeko-
sten von 100.000 Mark waren nicht zum Fenster hinausge-
worfen. In einem Monat gingen 65.000 Vorbestellungen ein,
darunter Großbestellungen von Versandfirmen wie Necker-

*Auf dem Gelände des »Autoreparaturpark V« der Sowjetischen
Militäradministration (SMAD) in Berlin-Johannisthal wurde
am 5. April 1950 der VEB Kühlautomat gegründet. Vierzig
Jahre später privatisiert die Treuhand den auch international
erfolgreichen Betrieb mit einigen Tausend Werktätigen. »Mit
den strukturellen betrieblichen Veränderungen ergaben sich auch
enorme Personaleinschränkungen«, heißt es heute dazu
verschwiemelnd in der Betriebschronik der Grasso GmbH Refri-
geration Technology (GEA). Dieses in Berlin-Reinickendorf
ansässige Unternehmen erklärt dennoch stolz: »Die Belegschafts-
stärke konnte nach dem Umzug von anfangs 148 Mitarbeitern
bis zum Jahre 2000 auf 180 erhöht werden. Davon stammen
noch rund 90 % aus dem ehemaligen Kühlautomat.«
An der Betriebsberufsschule des VEB Kühlautomat wurde übrigens Winfried Glatzeder (»Die Legende von Paul und Paula«)
zum Maschinenbau-Facharbeiter ausgebildet, ehe er ein Schau-
spielstudium absolvierte. – Foto: Demonstration von Kollegen
des privatisierten VEB Kühlautomat vor der Treuhand, 1993*

mann. Die Treuhand musste das Handtuch werfen und 540
Bürger der untergegangenen DDR behielten vorerst ihren
Arbeitsplatz. Die untergegangene volkseigene Industrie hatte
gemeinsam mit Greenpeace gegen bundesdeutschen Konzerne eine Runde gewonnen.

Allerdings gab es bei Greenpeace Ärger, denn durchaus nicht alle Greenpeace-Anhänger waren davon begeistert, dass der gemeinnützige Verein als Kühlschrank-Verkäufer auftrat. Die Greenpeace-Oberen konnten schnell nachweisen, dass die Organisation keinen einzigen Kühlschrank verkauft hatte, sondern das Unternehmen in Scharfenstein.

Das die »Chlorreichen« nicht kapitulieren würden, war klar. Eine neue Werbekampagne lief an: Das Ostprodukt sei »explosiv« und ein Stromfresser. Die »Argumente« waren jedoch dürftig. Jeder konnte sich mühelos kundig machen: Im »Greenfreeze« steckte etwa so viel Gas wie in einem Feuerzeug, und auch im Stromverbrauch gab es keine extremen Werte.

Aber die Konzerne konnten gelassen bleiben – sie wussten die Treuhand auf ihrer Seite.

*Die Unternehmerverbände machen mobil: Drohung der ME (»Die Unternehmen der Metall- und Elektro-Industrie«) im Frühsommer 1993 auf Plakatflächen, als sich der Protest nicht nur gegen die Praxis der Treuhand, sondern zunehmend auch gegen die West-Unternehmer richtet, die Betriebe in Ostdeutschland übernommen haben und die dort verbliebenen Angestellten unter Tarif bezahlen*

134

Die DKK war von einer FORON GmbH gekauft worden, hinter der ein »gemischtes« Unternehmen steckte, nämlich ein britischer und ein kuweitischer Investmentfonds. Dessen Interesse erlahmte jedoch überraschend schnell, was umso mehr verblüffte, da der frühere Treuhanddirektor Harald Lang dort als Geschäftsführer aufgetaucht war und den Kauf offensichtlich empfohlen hatte. Möglicherweise verloren die tatsächlichen Besitzer der Fonds jedes Interesse, als sie dahinterkamen, dass sie zwischen gefährliche Fronten geraten waren.

Siemens startete ein Rundschreiben an alle deutschen »Weiße Ware«-Händler, mit dem sie vor dem Kauf der Foron-Kühlschränke aus »Sicherheitsgründen« warnte.

Als der südkoreanische Multikonzern Samsung Interesse an Foron in Scharfenstein bekundete, kabelte man aus München sogleich nach Korea, dass Siemens eine Übernahme von Foron als »unfreundlichen Akt« verstehen würde. Samsung zog daraufhin seine Kaufofferte augenblicklich zurück.

Kürzen wir die Beschreibung des so ungleichen Duells ab: Am 17. März 2008 verbreitete der *mdr* in seiner Reihe »dabei ab 2« das Fazit: »Fast jeder hatte zu DDR-Zeiten einen Foron-Kühlschrank. Doch der hat die Wende nicht überlebt. Und auch für den herstellenden Betrieb kam vor sechs Jahren das endgültige Aus. Das Unternehmen musste drei Insolvenzen durchstehen. Und bald wird im erzgebirgischen Scharfenstein nichts mehr an die Zeiten erinnern, als hier noch 5.000 Menschen arbeiteten. Auf dem ehemaligen Foron-Gelände soll nach dem Abriss ein neues Gewerbegebiet entstehen.

An die glorreichen Zeiten aus dem Kühlschrankbau erinnert dann nur noch ein Museum.«

# Drama an der Küste

Es ging um Hartfaserplatten, die seit Mitte der 50er Jahre unweit der Ostseeküste produziert worden waren. Und zwar deshalb dort, weil die DDR-Planwirtschaft nicht nur malerische Ferienstrände für den Tourismus nutzen, sondern auch eine stabile Industrie in einer strukturschwachen Region aufbauen und betreiben wollte. Eine einst unweit Ribnitz-Damgarten tätige Flugzeugwerft war nach Kriegsende abgerissen worden. Dort entstand dann das neue Werk. Der Plan: nicht mehr die ohnehin dürftigen Holzvorräte reduzieren, sondern Platten aus Rapsstroh pressen.

Es war ein durchaus kühnes Vorhaben, das am 20. Dezember 1955 gestartet wurde. 1963 arbeiteten bereits 617 Werktätige dort. 1973 begann die Produktion der MdF (Mitteldichte Faserplatte), und die Belegschaft wuchs auf 1.484 Beschäftigte. 1979 kam ein Möbelkombinat hinzu, da sich die Platten als nützlicher Rohstoff für die Möbelproduktion bewährt hatten. Da man heute vornehmlich Abfälliges über jene DDR-Möbel liest, sei wenigstens erwähnt, dass die Firma Neckermann in der BRD zu den Großkunden gehörte. Die kaufte in der Regel nur, was sich auch verkaufen ließ.

Die Produktion wuchs – bis zum Jahr 1989. Was danach mit den verschiedenen Produktionsstätten geschah, ist in einem exzellenten Büchlein des Kückenshagener Scheunenverlags detailliert aufgezeichnet.

Wie überall vollzog sich auch hier der Ablauf nach Plan: Die Treuhand übernahm das Kommando und löste die erste Entlassungswelle noch vor der Währungsunion am 1. Juli 1990 aus.

Aus dem Buch erfährt man auch, wie die Betriebsgewerkschaftsleitung (BGL) die Reste des Kultur- und Sozialfonds verwendete: Zum letzten Mal wurde ein Kinderferienlager in Polen arrangiert und dafür gesorgt, dass alle mitfahren konnten, Kuren wurden vergeben und – wenn nötig – Zuschüsse gezahlt, ein Feierstunde für langjährige Gewerkschaftsmitglieder veranstaltet, ein Ausflug für die Veteranen finanziert. Inzwischen wurde das Werk nach Treuhandrichtlinien »entflochten«. Das Faserplattenwerk wurde zur HORIDA GmbH, die in die Holding Nordmöbel einging.

Eines Tages präsentierte die Treuhand auch hier einen Interessenten. In diesem Fall – auch das fast die Regel – war es ein Immobilienmakler namens Eduard Kynder aus Hamburg. Am 20. Dezember 1991 erwarb er den Betrieb für eine Mark. Bald tauchte an seiner Seite der Werkstoffmaschinenhersteller Bison als Partner auf. 505 Arbeitsplätze sollten die Käufer garantieren und 115 Millionen investieren, von denen die Treuhand die ersten 18,5 Millionen beisteuern wollte. Kynder entschied sich für den neuen Werksnamen Bestwood GmbH und versprach, die Maschinen durch modernere zu ersetzen.

Das Ergebnis: Im Dezember 1993 warnte der Landesrechnungshof vor einem drohenden Konkurs. Bei dieser Überprüfung kamen zahlreiche »Unregelmäßigkeiten« ans Licht. Bison hatte die angeblich hochmodernen Maschinen zu Preisen geliefert, die ›mehr als 20 Prozent über den marktüblichen‹ lagen. Als ein Paradestück des Betrugs erwies sich der Ankauf einer neuen Spanplattenanlage. Der Auftrag, eine hochmoderne Anlage zu liefern, war im Sommer 1992 von Bestwood an die Bison-Werke ergangen. Als Preis waren 76 Millionen Mark vereinbart worden. Die Monteure in Ribnitz-Damgarten wunderten sich, dass sie ständig mit alten Maschinenteilen zu tun hatten. Als sich viel später – also zu spät – die Staatsanwaltschaft für das Geschäft interessierte, ermittelte sie: Ein Teil einer alten Spanplattenpresse, Neupreis 17 Millionen Mark, war schon 1991 für neun Millionen an eine Bison-Tochter verkauft worden. Diese Altanlage wurde dann bei Bison demontiert und über eine Zwischenfirma an Bestwood geliefert. Dabei sollten sich Kynder und seine Komplizen die Differenz zwischen Alt- und Neupreis geteilt haben. Hinzu kam, dass für gebrauchte Wirtschaftsgüter keine Subventionen gezahlt werden durften. Die dennoch überwiesenen 30 Millionen Mark waren spurlos verschwunden.

Dass Kynder den Deal bestritt, fiel nicht ins Gewicht, denn Bison war schon am 31. Mai 1996 in Konkurs gegangen und am nächsten Tag verkauft worden.

Doch erschöpften sich die Gaunereien damit keineswegs. Die Montage der Altanlage besorgte die Schweizer Firma IPB AG. Kynder hatte sie als »weltweit tätige« Montagefirma empfohlen. Eingeweihte wussten es besser. Es handelte sich um einen »Ein-Mann-Betrieb«. Auch in diesem Fall hatte die Treuhand die Geschäfte nie kontrolliert. Die Montage kostete Bestwood 25 Millionen; doch als Finanzbeamte später die Bücher prüften, stellte sich heraus, dass der Betrag – vorsichtig geschätzt – um 14 Millionen zu hoch lag.

Rostocker Steuerfahnder entdeckten später, dass Kynder »Gesellschafter« der IPB AG war und demzufolge die überhöhten Summen in seine eigene Tasche gezahlt hatte.

Kynder leugnete emsig und versicherte, dass er selbst ein Betrogener sei.

Als sich die *Berliner Zeitung* 1996 der Sache annahm, stieß sie auf Dokumente, die eindeutig gegen Kynder sprachen. So hatte er 1992 auch einen acht Jahre alten Mercedes für 49.800 Mark an Bestwood verkauft, der wenig später auf dem Gebrauchtwagenmarkt für nur noch 8.000 losgeschlagen werden konnte.

So kam Bestwood nie mehr aus den roten Zahlen. Die mecklenburgisch-vorpommersche Landesregierung stimmte – vorgeblich Hilfe leistend – einen neuen abenteuerlichen Deal zu: Kynder gab Anteile in Höhe von 75,1 Prozent des Werks über die Norddeutsche Landesbank an das Land zurück. Als »Gegenleistung« verkaufte die Treuhand Kynder im September 1994 das Möbelwerk Schwerin.

Was sich dort dann tat, konnte auch nie ganz aufgeklärt werden. Kynder soll das Grundstück, auf dem das Möbelwerk stand, mit 1,75 Millionen belastet und das Geld in die Schweiz transferiert haben. Auch diesmal leugnete Kynder, ein angekündigter Prozess wurde eingestellt.

Am 31. Juli 1996 besetzte der aufgebrachte Rest der Belegschaft des Faserplattenwerks ihren Betrieb, um ihn zu retten. Andreas Cieselski schrieb über diese Aktion in dem schon erwähnten Buch im Kapitel »359-Tage-Feuer«:

»Am 21. Juli 1997 ist alles vorbei: Der Sarg, der uns vom ersten Tag an begleitet hat, steht auf Hohlblocksteinen, die Bestwood-Fahne ist über den Deckel gespannt. Etwa 250

Frauen und Männer sind zur letzten Stunde der Betriebsbesetzung gekommen. [...]

Und dann zünden Klaus Kannenberg und Manuela Witt den Sarg an, begleitet von klassischen Klängen, getragen, schwer. In den Augen hartgesottener Männer stehen Tränen. Sie tragen jetzt ein Stück ihres Lebens zu Grabe, ein Stück ihrer Identität.

Dann wird kurz vor 19 Uhr die blumengeschmückte Urne mit der Aufschrift *Bestwood* vor dem schwarzen Kreuz abgestellt, auf dem in weißen Jahreszahlen 1954 und 1997 geschrieben sind.«

# »Geständnis« des Direktors

Einige Treuhand-Manager waren irgendwann wegen krimineller Handlungen angeklagt worden. Einer von ihnen war Klaus Klamroth, einer der Direktoren der Niederlassung in Halle. Fünf Jahre und vier Monate nach der Ankündigung, Ermittlungen gegen ihn seien in die Wege geleitet worden, fand er in seinem Briefkasten im heimatlichen Heidelberg den Bescheid, dass das Ermittlungsverfahren gegen ihn eingestellt worden sei. Danach entschloss er sich, seine Treuhand-Laufbahn auf 75 engbeschriebenen Seiten zu schildern und sie als allgemeine Lektüre ins Internet zu stellen.

Dass ich sein »Geständnis« gewissenhaft las, hatte einen triftigen Grund. Zwar waren vom Treuhandausschuss des Bundestages viele befragt worden, aber niemand hatte so umfassend und fast sogar freimütig Auskunft gegeben wie Klaus Klamroth. Ob man ihm glauben durfte, blieb zwar fraglich, aber vieles, was er aufgeschrieben hatte, war doch mehr als aufschlussreich. Klamroth ist zweifellos ein »Insider« gewesen, zudem einer, der sich selbst um den Job bemüht hatte.

Klamroths freiwillige Aussage:

»Heerscharen von Anwälten mit sehr durchwachsener Kompetenz und Lauterkeit stürzten sich auf die über Nacht entstandenen Pfründe und wickelten die nicht sanierungsfähigen Firmen ab. Sie sammelten häufig genug Liquidationen wie Trophäen. Liquidatoren erhalten offiziell 250 DM pro Stunde Honorar plus Spesen. Manche glauben mit schnell eingestellten Hilfskräften über zwanzig Liquidationen und Gesamtvollstreckungen gleichzeitig betreiben zu können und rechnen Tage und Wochen hintereinander Arbeit von 23 Stunden am Tag ab, wie dann später im Treuhandausschuss des Deutschen Bundestages zu Tage gefördert wird.

Birgit Breuel hatte zunächst alle Niederlassungsleiter und Direktoren animiert, ihre jeweiligen persönlichen Beziehungen spielen zu lassen, um schnell Ansätze für Privatisierungen zu finden. Das tut Sven Andreas auch und befindet, dass eine Liquidation so gut wie eine Privatisierung sei. So häufen sich in Halle bald die Bestallungen von Liquidatoren mit immer wiederkehrenden Namen, und sie kommen vornehmlich aus Stuttgart. Als sich einige dieser Namen auch noch in einer Gesellschaft bürgerlichen Rechts wiederfinden, die als Investor auftritt, wird das Thema von Gustav Scholten und mir in einer Direktionssitzung zur Sprache gebracht. Danach agieren Andreas ebenso wie später sein Nachfolger Glock bei der Berücksichtigung ihres früheren Umfeldes vorsichtiger.

[…] Frau Breuel und Herr Tränkner, Chef des Direktorats Abwicklung, erklärten auf Befragung, dass die Stundenhonorare schwer zu kontrollieren gewesen wären. Also stellte man Mitte 1991 auf Honorierung nach der Vergütungsverordnung des Konkursrechts um. Damit aber konnte von denen, die ihre Pfründe ergattert hatten, nun erst richtig zugelangt werden. Ihre Vergütung richtete sich nun nach der sogenannten Teilungsmasse, die bei den Treuhandbetrieben in der Regel wesentlich höher als diejenige war, die bisher bei westdeutschen Konkursen unter ganz anderen wirtschaftlichen Rahmenbedingungen noch vorzufinden war. Das lag daran, dass das Verdikt ›nicht sanierungsfähig‹, was zwangsläufig zur Liquidation oder Gesamtvollstreckung führte, fast ausschließlich von fehlenden Wettbewerbs- und Marktchancen abgeleitet wurde. Die Treuhandanstalt ließ sogar zu, dass selbst mit Rückgabeanträgen behaftete Teile der Masse für die Honorarberechnung mit herangezogen werden konnten.

Tränkner versuchte das mit der Bemerkung zu rechtfertigen, dass damit ja auch Arbeit verbunden gewesen wäre. Der Treuhandausschuss stellte fest, dass bis zum 5. Juli 1994 204 Millionen DM Honorare für 132 Liquidatoren, die nur für die Zentrale tätig waren, gezahlt wurden. Aber allein 10 dieser Glücksritter teilten sich mit 122 Millionen über die Hälfte dieser Honorarsumme.

Einer von den wenigen, die nicht nur kassierten, sondern schließlich auch ins Gefängnis gehen mussten, ist der Rechtsanwalt Deffner aus der ›Stuttgarter Connection‹, der im Verein mit Andreas und Glock für die Niederlassung Halle arbeitete.

Ein anderer dieser Abrechnungskünstler, die durch ein siebenstelliges Honorar auffielen, und der seine Beute auch geschickt und legitim gegen juristische und politische Rückholversuche verteidigen konnte, war der Rechtsanwalt und Baron Dr. Siegfried von Hohenau. Ich lernte ihn am 31. März 1992 in meinem Büro als frisch bestallter Verwalter für die Gesamtvollstreckung der Konsumgenossenschaft Halle kennen. ›Es gibt wohl manchen Gläubiger, der mich nicht gerne sieht‹, sagte er sanft und leise, und er verstehe nicht, warum sich ständig die Treuhandanstalt in einen laufenden Prozess einmische.

In die Praktiken der Konsumgenossenschaft Halle musste ich mich schon lange vor dem 4. März 1992 ›einmischen‹, als das Verfahren auf Gesamtvollstreckung der größten Genossenschaft dieser Art in der ehemaligen DDR und damit auch gegen ihre 472.000 Mitglieder eröffnet wurde. […]

Der clevere Rechtsanwalt von Hohenau mit seiner erworbenen Baronswürde aber brachte in einem beeindruckenden Poker das Land Sachsen-Anhalt schließlich dazu, für die Nachschusspflicht der Konsumvereinsmitglieder in Höhe von 50 DM pro Nase einzustehen, um einen kurz vor der Explosion stehenden sozialen Sprengsatz zu entschärfen und damit die ›Masse‹ aufzufüllen. Um so stärker wurden Bemühungen von allen Seiten bis hin zum Justizminister des Landes Sachsen-Anhalt, ihm die Verwaltung dieser Riesenpleite und sein Honorar wieder wegzunehmen. Das versuchte das örtliche Finanzamt, die Staatsanwaltschaft und die Justiz bis zum Oberlandesgericht, vergebens. Von Hohenau hielt sich bis auf eine erzwungene Unterbrechung von wenigen Tagen in diesem Amt und kassierte seine Millionen […].

Die Zielsetzung, am 30.09.1992 alle Firmen privatisiert haben zu wollen, bedeutete, dass ich spätestens im Dezember 1991 die ersten Kündigungen aussprechen musste, wenn es nicht gelang, den Investoren nach und nach mit den Firmen auch unsere Betreuer anzuvertrauen, dadurch, dass die neuen Gesellschafter oder Eigentümer in unsere Dauerarbeitsverträge mit sechsmonatiger Kündigungsfrist und überdurchschnittlicher Besoldung einstiegen. Der Kampf gegen die Auswirkungen der Ungewissheit in den eigenen Reihen begann, ein Schulungsprogramm wurde aufgelegt. Der Vorstand der Treuhandanstalt ließ sich ein Motivationsprogramm einfallen und lud alle Mitarbeiter zu einem großen Spektakel ›Miteinander‹ nach Berlin ein.

Der Zweifel nagte. Jeder hatte zwar gewusst, dass die Treuhandanstalt eine endliche Aufgabe hatte und er mit seiner Mitarbeit keine Daueranstellung haben konnte. Aber wer kein Hasardeur war, konnte, ganz gleich an welcher Stelle der Behörde er arbeitete, mit Händen greifen, dass die Umwandlung der Wirtschaft in den Neuen Ländern täglich mehr und nicht weniger tatkräftige Hilfe brauchte. Frau Breuels Devise ›Privatisierung ist die beste Sanierung‹ war Heuchelei.

Der Zug in Richtung Ausverkauf dessen, was vor einem Jahr noch ›Eigentum des Volkes‹ war, rollte. Jetzt ging es darum, ihn zu beschleunigen. Dafür erfand ein kleiner Zirkel in der Berliner Zentrale um Norman van Scherpenberg ein Bonussystem mit dem später unterschlagenen Namen ›Hay-Konzept‹ zur variablen Vergütung [...].

Meine Antwort als Zeuge vor dem Untersuchungsausschuss: ›Wir haben uns unter Kollegen am 15. Januar 1992 überlegt, ob diese Art von Zielsetzung machbar ist und ob sie moralisch durchgestanden werden kann [...].‹

Es war in der Tat bemerkenswert, wie sich das Denken und die Arbeit von mir selbst und aller anderen Kollegen im Handumdrehen vornehmlich auf die Erfüllung der formalen Kriterien konzentrierte, die im Bonussystem dann festgeschrieben und laufend verfolgt wurden. [...]

Dr. Michael Dickerhof hielt in einem Aktenvermerk fest, was er mit den für die Prämienauszahlung maßgeblichen Personen [...]am 28.04.92 besprochen hatte. ›Einigkeit besteht darüber, dass sich die Zielvereinbarung nach wie vor auf die 236 namentlich bekannten Unternehmen bezieht, die Niederlassung Halle sich jedoch bemüht, den Gesamtbestand per 30.09.92 auf Null zu bringen.‹

Die Prämie für die Zielerfüllung wurde uns von Dr. Dickerhof am 21. Januar 1992 mitgeteilt. Sie sollte 88.000 DM bei sogenanntem Endstand und 44.000 DM bei glatter Zielerfüllung betragen. Zusätzlich hatte Dickerhof einen Sonderfonds [...] in Höhe von 650.000 DM herausgeschlagen, weil Halle wieder einmal Vorreiter spielen sollte mit einem sogenannten Crash-Kurs. [...] Es ging also um das Fertigwerden auf Biegen oder Brechen zu dem vom Ressort Privatisierung selbst gesteckten Termin. [...]

Der Vorstand der Treuhandanstalt brachte fortan eine monatliche Information heraus, in der mit schönen Statistiken die *performance*, wie man heute sagen würde, der Niederlassungen graphisch dargestellt wurde. Das Windhundrennen war in vollem Gang. 18 Unternehmensbereiche in der Berliner Zentrale und die 15 Niederlassungen wurden monatlich miteinander verglichen [...], wie viel Privatisierungen, Reprivatisierungen, Liquidationen gemeldet, wie viel Liquidationen eingeleitet, wie viel teilprivatisiert worden waren und wie diese Zahlen, bezogen auf das bisher abgelaufene Gesamtjahr 1992, aussahen. Wie alle Statistiken zeigten diese schönen Grafiken nicht, dass damit der Geist und die Buchstaben des Treuhandgesetzes ein weiteres Mal vor die Hunde gingen. [...]

Am 15. und 21. August 1991 hatte ich den Aufsichtsratsvorsitzenden des Konsum Halle, Herrmann, und seinen Wirtschaftsprüfer und Aufsichtsratskollegen Opitz bestellt und in meinem Büro sitzen. Ich bekomme auf meine Vorhaltungen über die gravierenden Folgen ihrer Privatisierungshängepartie artig Zusagen von den Herren für die Erhaltung der noch der Niederlassung Halle unterstellten Betriebe. [...] Am 13. Februar 1992 treten beide ohne Vorankündigung, nachdem die Kassen restlos leer sind, zurück. [...] Fünftausend Mitarbeiter von ehemals 22.000, denen Klaus Herbert Herrmann eine Zukunft vorgaukelte, sind ihre Arbeitsplätze los. Viele davon müssen ihre Hoffnungen auf bezahlte Arbeit endgültig begraben. 198 Konsumgenossenschaften gab es in der DDR. Weniger als 40 waren es 1993. Heute existiert keine einzige mehr.

Rechtsanwalt Baron Dr. Siegfried von Hohenau berichtet als Konkursverwalter der ersten Gläubigerversammlung der Konsumgenossenschaft e. G. Halle/Saale am 1. Juni 1992, an der ein Mitarbeiter von mir teilnimmt, über die Ursachen der Insolvenz und gibt dafür drei Hauptgründe an: Erstens das unrentable Kleinverkaufsflächennetz mit 1.300 Verkaufseinrichtungen unter 80 qm Verkaufsfläche und weniger als 500.000 DM Jahresumsatz; zweitens zu hohe Personal- und

Verwaltungskosten; drittens zu hohe Beratungshonorare und Provisionen für zweifelhafte Leistungen, insgesamt bis zu 30 Millionen DM, deren Berechtigung und deren Empfänger nun strafrechtlich untersucht würden.

Hohenau war von dem Amtsrichter Dressler als Konkursverwalter eingesetzt worden, womit eine Sequestervergütung von 12,7 Millionen DM verbunden war. […]

Am 28.04.91 war eine von der Treuhandanstalt geschaltete Anzeige in allen überregionalen Zeitungen erschienen mit dem Bild Honeckers auf geblümten Sofa. Darunter die Schlagzeile: ›Ihn mussten wir leider entlassen. Wann fangen Sie an?‹

Die Treuhandanstalt, größter Konzern der Welt, braucht 100 junge Kaufleute […]. Sie werden […] viel entscheiden, aber auch viel Dankbarkeit erfahren. […] Nach einiger Zeit bei der Treuhandanstalt werden Sie alle Chancen haben, eine schnelle Karriere zu machen […]. Wenn Sie nach einigen Jahren zurück in die westdeutsche Wirtschaft möchten, müssen Sie sich nicht als Namenloser irgendwo bewerben.‹

Abgesehen von der Geschmacklosigkeit dieses Werbegags, spülte diese Aktion nicht gerade Überflieger in die Anstalt. […] Die Teilnehmer werden so weit es möglich ist nach Branchen geordnet zusammengefasst. Auf einer dieser Sitzungen, die ich mit den Kollegen für Privatisierung und Personal bestreite, steht Herr Gerhard Koch auf und redet sich vom Hals: ›Ich bin Geschäftsführer des Produktionsmittelhandels Wittenberg, ich glaubte auf dem richtigen Weg zu sein, ich habe in den sieben Monaten der GmbH gemeinsam mit den Arbeitnehmern alles unternommen, um den Betrieb betriebswirtschaftlich weiter zu entwickeln. Dieses ist uns gelungen, und wir haben mit einem Reingewinn das Jahr 1990 abgeschlossen. Da erschien ein Herr Jürgen Schmidt und hielt mir die Bestellung als vorläufiger, weiterer Geschäftsführer unter die Nase, unterschrieben von Frau Birgit Breuel und Herrn Dr. M. Balz am 16. Januar 1991 und übernahm das Kommando für Konten und Finanzen.‹ […]

Was war geschehen? Auf einer Wahlkundgebung Genschers in Potsdam hatte dieser Schmidt sich lautstark bemerkbar gemacht und geschimpft, ihm würde die Rückübertragung seines Eigentums in Wittenberg von der Treuhandanstalt verweigert. Genscher verwies ihn an jemanden aus seinem Tross, und der sorgte dafür, dass die Angelegenheit in Berlin ›auf höchster Ebene‹ ankam. Selbstverständlich ohne irgendeinen Hinweis, wie der Fall zu lösen sei, aber der Name des F.D.P.-Vorsitzenden war ja schließlich Programm: Rückgabe vor Entschädigung.

Der oberste Jurist der Treuhandanstalt Balz schrieb am 21. Januar an Koch: ›Wie mir heute hier im Büro der Treuhandanstalt in Berlin Herr Jürgen Schmidt berichtet, haben Sie gewisse Zweifel an der Berechtigung des Herrn Schmidt, als Mitgesellschafter der Firma Produktionsmittelhandel GmbH zu fungieren. Ich darf Sie darauf hinweisen, dass der Gesellschafterbeschluss, den Ihnen Herr Schmidt zu seiner Legitimation vorgelegt hat, ausdrücklich mit dem Siegel der Treuhandanstalt versehen wurde, um so seine Authentizität zu gewährleisten. Andererseits wissen Sie, dass die Treuhandanstalt als 100 %ige Gesellschafterin der Firma das alleinige Recht zur Berufung und Abberufung von Geschäftsführern hat.

Im übrigen ist Ihnen bekannt, dass der Beschluss der Gesellschafterversammlung ebenfalls unterschrieben ist von Frau Birgit Breuel, die als Vorstandsmitglied der Treuhandanstalt gleichzeitig für das Ressort Außenstellen zuständig ist und den Außenstellen vorsteht.

Wir müssen Sie deshalb hiermit dringend auffordern, dem Ihnen bekannten Beschluss der Gesellschafter-Versammlung unverzüglich Folge zu leisten und Herrn Jürgen Schmidt den uneingeschränkten Zugang zu den Geschäftsräumen und Geschäftsunterlagen in 100%igem Umfange zu gewähren. Sollten Sie dieser Aufforderung nicht unverzüglich nachkommen, behalten wir uns als alleinige Gesellschafterin der Firma vor, daraus entsprechende Konsequenzen zu ziehen.‹

[…] Am Samstag, dem 27. Feburar 1993, stand im *Halleschen Tageblatt* unter der Überschrift ›Mafia agiert in Halle‹ ein Interview mit dem Bezirksbevollmächtigten der IG Metall Halle, Günter Lorenz. Darin behauptete er, zur Mafia gehören der ehemalige Treuhandchef Klamroth und andere. Die Schaltzentrale ist der Industrieclub in Halle.

Das war starker Tobak. Meine Präsidiumskollegen im Club reagierten sauer. Sofortige Versuche, die Sache mit juristischen

Mitteln aus der Welt zu schaffen, scheiterten. Die IG Metall darf ihre Meinung über Persönlichkeiten, die in der Öffentlichkeit stehen, verbreiten. […]

Am 8. Juni 1993 legte ich meine Ämter im Industrieclub nieder.

Am Wochenende des 27. und 28. März hatte Lorenz im *Halleschen Tageblatt* nachgelegt. ›(Un-?)Treuhänder sollen vor Tribunal‹, wurde getitelt: ›Gestern verkündete Günter Lorenz weitere Erkenntnisse zu Halles angeblicher Industrie-Mafia. Wir können nun beweisen, sagte er dem Blatt, dass Investitionen in den Betrieben der sogenannten Bellinogruppe nicht in die Tat umgesetzt werden. Wir wissen, dass Dr. Greiner Verbindungen zur Politik hat, und von dort die schützende Hand über ihn gehalten wird. Die IG Metall will Ex-Treuhand-Mitarbeiter, so den als angeblichen Busenfreund Greiners genannten Klaus Klamroth, wegen Veruntreuung verklagen. Die entsprechenden Treuhandleute laden wir zu einem öffentlichen Tribunal ein.‹

Greiner versuchte, seine Haut zu retten, aber die Staatsanwaltschaft war ihm auf den Fersen. Halle gibt das Verfahren am 2. April 1992 an Stuttgart ab. Die Mühlen beginnen dort zu mahlen. Systematisch werden alle Käufe des Dr. Wolfgang Greiner, alle Nebenumstände, alle Zahlungsvorgänge unter die Lupe genommen. Schon bald wird säuberlich aufgelistet, was er an Geld aus seinen Firmen, hauptsächlich aus der Cash-Cow STAMAG hin und hergeschoben hat, wobei ihm wenig ausmacht haben muss, ob es sich bei den Adressen um Firmen- oder Privatkonten handelte. Eines der Privatkonten war denn auch zur Überraschung aller, wann immer sie später davon hörten, das des feinen, reichen Kollegen Glock.

Die IG Metall recherchierte auf ihre Weise. Sie konnte offenbar in Göppingen einem ihrer Mitglieder über die Schulter und direkt in die Bücher schauen. Das zeigte zwar nur einen Zipfel der inzwischen trostlosen Wahrheit, aber genug, um den Nimbus des großen Investors restlos zu zerstören. Lorenz ließ nun keine Gelegenheit verstreichen, in der er Stimmung machen konnte. Tenor: Die Privatisierungen waren Betrug, also zurück mit den erworbenen Firmen in die Treuhandanstalt. […] Lorenz ließ nicht locker, und so handelte die Präsidentin politisch. Sie ließ die ruinierte Niederlassung Halle, von der man ja schon drei leitende Mitarbeiter mehr oder weniger per Zufall der Staatsanwaltschaft ausgeliefert hatte, am Pranger stehen und konnte fortan erleichtert zusehen, wie dieser Marterpfahl alle Blitze, die eigentlich der Treuhandanstalt insgesamt galten, auf sich zog. [...]

Im Juni 1992 wird Haftbefehl gegen Greiner erlassen, er wird am 22. Juni festgenommen. Am gleichen Tage kommt der Stuttgarter Staatsanwalt Schüler mit einer Truppe von Kriminalbeamten in die Phillip-Müller-Straße 85 und in mein Büro, um mir einen erneuten Durchsuchungsbefehl vorzuhalten. [...]

Ich habe danach in den folgenden fünf Jahren immer wieder mit ihm telefoniert und ihn getroffen, wenn ich als Zeuge in den Verfahren vor dem Landgericht Stuttgart auszusagen hatte. Er war engagiert, und empört über die Geldgier und Abgefeimtheit der Glocks, Deffners und des Andreas. Im Plädoyer gegen Glock vor dem Landgericht Stuttgart sagte er später, er hätte als Beamter schon Skrupel bekommen und seinen Vorgesetzten verständigt, wenn ein Gesprächspartner aus Versehen ein Feuerzeug bei ihm liegen gelassen hätte. Und die Herren Privatisierungsdirektoren ließen sich mit Millionen in Plastiktüten bestechen. Aber trotz aller Worte, die wir wechselten, blieb er misstrauisch bis zuletzt und ließ mich auf den Einstellungsbescheid für das gegen mich gerichtete Untersuchungsverfahren warten bis zu letzt.

Als ich einmal zur Einvernahme als Zeuge in sein Büro kam in der Hoffnung, das könne das Verfahren abkürzen, sah ich die Kisten und Kartons voller Akten, die die Treuhandanstalt ihm auf den Hals geschickt hatte und die sich bis auf die Flure vor seinem Amtszimmer stapelten. Da wurde mir klar, warum mein Anwalt und ich bis dato vergeblich um Akteneinsicht nachgesucht hatten. Der Wust von Unterlagen war physisch einfach nicht zu bewältigen und auch nicht versendungsfähig. Ich bekam fast Mitleid mit dem geplagten Staatsanwalt, der nichts sehnlicher wünschte, als aus diesem Schlamassel herauszukommen und wenig später dann auch tatsächlich zum Richter am Landgericht Heilbronn avancierte.

Am Abend des gleichen, schönen Sommertages strahlte die *ARD* mit ihrer Sendung *Plus-Minus* um 21.30 Uhr eine geschickt aufgemachte Greiner-Story bundesweit aus, in der ich als Ober-Mafiosus eine bleibende und einprägsame Würdigung erfuhr. [...]

Ich war eine Person öffentlichen Interesses geworden. Lorenz hatte die Politiker aufgescheucht, ich hatte mein Waterloo. Ich konnte nur noch meine Sachen packen und nach Heidelberg zurückkehren. Dort lernte ich das Arbeitsamt von innen kennen, aber nicht im Zimmer des Direktors wie zuvor als gern gesehener Gast in Halle, sondern bei einem Referenten, der sich redliche, aber vergebliche Mühe machte, mich wieder in Lohn und Brot zu setzen. [...]

3. Die Bundesregierung hat die Organe der Treuhandanstalt mit einer in der Geschichte des demokratischen Deutschlands einmaligen, unkontrollierten, breiten Machtfülle ausgestattet. Ihnen sind einerseits Entscheidungsbefugnisse über das Schicksal von Tausenden von Betrieben und Millionen von Arbeitnehmerinnen und Arbeitnehmern übertragen worden, andererseits waren sie von der unternehmerischen und persönlichen Verantwortung für die Folgen ihrer Entscheidungen freigestellt, indem der Bund das finanzielle Risiko der Tätigkeit der Treuhandanstalt übernommen und die Bundesregierung Vorstands- und Verwaltungsratsmitglieder der Treuhandanstalt von der zivilrechtlichen Haftung für fahrlässiges und grob fahrlässiges Fehlverhalten befreit hat. Diese ungewöhnliche Haftungsfreistellung widerspricht auch dem Aktienrecht, das wegen der besonderen Sorgfaltspflichten des Vorstandes in § 93 AktG zwingend eine scharfe Haftung des Vorstandes verlangt. Diese Haftungsfreistellung ist von der Treuhandanstalt eigenmächtig, gegen die Weisung des Bundesministers der Finanzen auch an ihre Mitarbeiterinnen sowie die Leitungen und Aufsichtsräte ihrer Beteiligungsunternehmen heruntergereicht worden. Sogar einzelne externe Berater profitierten davon. [...]

Bundesregierung und Treuhandanstalt haben unerlässliche Aufsichtspflichten verletzt und parlamentarische Kontrollrechte in einem Ausmaß außer Kraft gesetzt, wie es keine demokratisch legitimierte Regierung in Deutschland nach 1945 gewagt hat.«

# Schwarze Seiten des Betrugs

Die Zahl der »Privatisierungen«, die mit kriminellen Handlungen verbunden sind, wird von Fachleuten auf vierstellig beziffert, doch dürfte sie für alle Zeiten eine Dunkelziffer bleiben. Um wenigstens eine Vorstellung von der Dimension zu vermitteln, entschloss ich mich zur Veröffentlichung eines höchst unvollständigen Branchenbuchs der »Schwarzen Seiten des Treuhand-Betrugs«:

*Bernau, Leiterplattenwerk.* Über Nacht wurde 1994 mitgeteilt, dass der letzte Industriebetrieb in der Berlin-Vorstadt Bernau geschlossen würde. Der hochmoderne Betrieb wurde 1991 von der Treuhand an die Hüls Troisdorf AG verkauft, nachdem es zuvor aus dem Henningsdorfer Elektronikkombinat ausgegliedert worden war. Im Januar 1994 übernahmen die zur Ruhrkohle AG gehörenden Rüttgerswerke die Troisdorf AG, und das Leiterplattenwerk wurde nach der Ausgliederung in den Teilkonzern Isola, ein Hersteller von Leiterplatten, eingegliedert. Jürgen Guioneau, Vorstandsmitglied der Troisdorf AG, teilte bald darauf mit: »Es gibt in Europa große Überkapazitäten bei der Herstellung von Leiterplatten. Deshalb steigt die Hüls Troisdorf AG aus diesem Geschäft aus und schließt die Werke in Bernau und Troisdorf.« Fortan wurden die Platten kostengünstiger in Düren hergestellt.

*Brandis.* Das Silikatwerk GmbH Brandis, das vor der Wende als VEB Silikatwerk 1.200 und 1991 noch rund 500 Arbeitnehmer beschäftigte, war von der Treuhandanstalt am 1. Juli 1991 an die Claylit 2000 Ton-Schaum GmbH verkauft worden. Eine Tongrube und eine Mülldeponie waren dabei, ohne das zuständige Landratsamt zu informieren, an die Geschäftsführerin der Claylit 2000 für nur 400.000 DM veräußert worden. Es stellte sich heraus, dass sie als »Strohfrau« des als Treuhand-Verhandlungspartners auftretenden Ehemanns fungierte. Der war von einem westdeutschen Gericht wegen Subventionsbetrugs zu einem Jahr und sechs Monaten und zum Verbot einer Gewerbeausübung verurteilt worden. Seine Bonität war von der Treuhand nicht überprüft worden, nachdem er zugesagt hatte, das Geschäft »über Nacht« abwickeln zu können. Der zuständige Treuhandprivatisierer bewertete den »soliden, bodenständigen Eindruck« des Käufers und sein pünktliches Erscheinen zum Vertragsabschluss als hinreichende Empfehlung. Selbst als die von ihm zugesicherten 119 Arbeitsplätze und 5 Millionen DM Investitionen nicht realisiert wurden, urteilte die Treuhand in einem Sachstandsbericht vom 25. November 1992, dass die »Betätigung der Firma Claylit bisher erfolgreich war«. Bald darauf wurde die Liquidation des Silikatwerks beschlossen. Am 28. Februar 1994 wurde von der Claylit der Antrag auf Gesamtvollstreckung gestellt.

*Calbe Spedition Noeske.* Die Hintergründe, die in den frühen 90er Jahren zur Insolvenz der nach 1990 in die Speditions- und Tranportgesellschaft mbH Magdeburg umgewandelten volkseigenen Spedition konnten auch vom Untersuchungsausschuss des Bundestages nicht aufgeklärt werden. Fünf MBO (*Abkürzung für Management-buy-out, eine Form von Übernahme durch ehemalige Mitarbeiter – K. H.*) waren gebildet worden. Unter den Interessenten war eine Person, die in den Untersuchungsakten als »Herr Noeske« geführt wurde. Die zuständige Treuhandinstanz hatte die Spedition in fünf Betriebsteile zerlegt und Noeske – in Verletzung der MBO-Bestimmungen – aufgefordert, alle fünf Teile zu erwerben und danach an seine Partner weiterzuverkaufen.

Der Gesamtpreis wurde erst mit 2,4 Millionen DM beziffert und später erhöht. Während noch verhandelt wurde, drohte dem Unternehmen bereits der Konkurs, was Noeske offensichtlich zaudern ließ. Er gab später zu Protokoll, dass ein damals zuständiger Mitarbeiter der Treuhand-Revision namens Nettesheim, Zeuge geworden war, wie ihn der Treuhandprivatisierer, Rechtsanwalt Grünebaum, massiv zum Kauf gedrängt hatte.

Er sei, so Noeske bei seiner Anhörung vor dem Untersuchungsausschuss, »am Rande der Nötigung unter Druck gesetzt worden«, den neuen Kaufpreis von rund 5 Millionen DM zu akzeptieren. Man drohte ihm, dass andernfalls der

Betriebsteil Calbe an einen westdeutschen Interessenten ver-äußert würde. Noeske erinnerte sich an die Aufforderung: »Ent-weder jetzt oder nie; entweder haben wir, wenn Sie hier rausge-hen, den Kauf mit Handschlag abgeschlossen, oder Sie sind weg; vielleicht werden Sie noch als Mitarbeiter eingestellt; viel-leicht werden Sie auch entlassen.«

Grünebaum konnte sich an den Vorgang bei seiner Anhörung durch den Untersuchungsausschuss nicht erinnern.

Am 25. Februar 1994 war für die Spedition die Gesamtvoll-streckung beantragt und damit auch dieser Betrieb ausgelöscht worden.

*Cottbus.* Ein Herr Nichtern bewarb sich im Juli 1991 als Käufer der Cottbuser Planungs- und Ingenieurbüro GmbH. Wenig später erhielt er von der Treuhand einen Kaufvertrag. Mit dem Dokument räumte mit seiner ersten und zugleich letz-ten Geschäftshandlung die Konten des Unternehmens leer. Hinterher fehlten 274.000 Mark. Die Überweisung des Kauf-preises erfolgte nie. Nichtern war ein Hochstapler, der bereits 1986 wegen Scheckbetruges verurteilt worden war.

*Finsterwalde, Draht- und Schraubenwerke GmbH, Sächsische Schraubenwerke GmbH.* Die niederländische Handelsfirma All-metall Holding B.V., Amsterdam, hatte beide Betriebe für jeweils eine DM von der Treuhandanstalt erworben. Zusätzlich gewährte die Treuhandanstalt eine »Anschubfinanzierung« von 24 Millionen DM. Nach dem Verbleib des Geldes wurde lange vergeblich gefahndet. Beide Unternehmen wurden von der Treuhandanstalt »zurückgenommen«.

*Leipzig Agrotechnik.* Mit Vertrag vom 12.12.1992 hatten zwei Hamburger Vermögensverwalter den Landmaschinen-bau Agrotechnik Leipzig mit 14 Regionaltöchtern und 1,2 Millionen qm Immobilienbesitz zum Kaufpreis von 103,5 Millionen DM erworben. Ohne je einen Pfennig zu bezahlen, belasteten sie die Grundstücke mit Hypotheken bis zu einer Milliarde DM – die Grundschuld betrug zum Zeitpunkt der Aufdeckung der Spekulation 476 Millionen DM. Die neuen Eigentümer versicherten, dass zum Zeitpunkt des Vertragsab-schlusses keine testierten Bilanzen vorgelegen hätten. Der zuständige Treuhand-Mitarbeiter war nach Vertragsabschluss aus der Treuhandanstalt ausgeschieden und hatte eine Tätigkeit bei den Käufern aufgenommen. Vor dem Treuhandausschuss des Bundestages schätzte die Treuhandanstalt den bei diesem Betrug entstandenen Schaden auf 40 Millionen DM ein.

*Malchin Möbelwerke,* Malchin, Güstrow, Plau am See, Teterow. Auch diese Betrugsfälle hatte der Treuhanduntersuchungsausschuss aufzuklären versucht. Für die *malchin-möbel* hatten zwei Interessenten Angebote unterbreitet, eine Bewerbergruppe aus Skandinavien und der alleinvertretungsberechtigte Geschäftsführer eines griechischen Unternehmens. Warum das skandinavische Angebot nie bei der Treuhand einging, blieb ungeklärt. Der Verkaufspreis wurde auf nicht nachzuvollziehende Weise beziffert. Man berief sich auf das Gutachten einer Hamburger Treuhand GmbH, deren Summe 130.000 Mark unter den ursprünglichen Wertgutachten lag.

Für das Güstrower Möbelwerk gab es ursprünglich drei Bewerber. Übrig blieb das griechische Unternehmen. Das Gutachten stammte wieder von der Hamburger Treuhand.

Bei der Plauer Möbel GmbH hatte sich der damalige Geschäftsführer des Unternehmens beworben – und auch das griechische Unternehmen. Das erhielt auch in diesem Fall den Zuschlag.

Im September 1992 wurde Sitzmöbel GmbH Teterow von der Treuhand zum Verkauf angeboten. Insgesamt gab es fünf Interessenten. Den Zuschlag erhielt die Plauer Möbel GmbH, die inzwischen dem griechischen Unternehmen gehörte.

Am 24. September 1994 beauftragte die BvS ein Wirtschaftsprüfungsunternehmen mit einer Kontrolle der an die griechische Firma verkauften Unternehmen. Diese ergab, dass »Mittel für nichtbetriebliche Zwecke entzogen« worden waren. Die Staatsanwaltschaft wurde informiert und ein Verfahren gegen die im Dienste der Treuhand als Verkäufer Tätigen in Gang gesetzt. Einzelheiten vermochte der Treuhanduntersuchungsausschuss des Bundestages nie zu ermitteln.

*Mecklenburg-Vorpommern, Elbo-Baugruppe.* Ab Herbst 1990 versuchte der Bremer Heinz Krahmer acht Unternehmen der Bauindustrie in Mecklenburg-Vorpommern und Brandenburg als Elbo-Baugruppe in seinen Besitz zu bringen. Es gelang ihm, den betroffenen Unternehmen noch vor der Pri-

*153*

vatisierung – die nie zustande kam – beträchtliche Vermögenswerte zu entziehen. Der Schaden wurde auf 50 Millionen DM geschätzt. Der Anwalt des bald darauf verstorbenen Krahmer wurde im Februar 1994 wegen Untreue vom Berliner Landgericht zu dreieinhalb Jahren Haft verurteilt, weil er von einem Notarkonto der Märkischen Bauunion 11,6 Millionen DM nach Florida transferiert hatte. Der mitangeklagte ehemalige Geschäftsführer der Märkischen Bauunion erhielt zwei Jahre Haft mit Bewährung.

*Neuruppin, Market GmbH.* Der Betrieb ging 1992 für 350.000 DM an den dänischen Druckereibesitzer Jens Bröchner. Ungeachtet der auf zwei Millionen DM geschätzten Immobilie steuerte die Treuhandanstalt 850.000 DM Liquiditätshilfe bei. Der Kaufpreis wurde nie bezahlt. Die Immobilie ging für 1,7 Millionen DM an eine Firma, die ihrem Mitgesellschafter Bröchner 850.000 DM zuschanzte. Seit 30. Juni 1993 befand sich das Unternehmen in Gesamtvollstreckung.

*Neustrelitz Autek (Autotechnik Neustrelitz), Baugesellschaft Röbel/Müritz GmbH, Kleiderwerk Malchow GmbH.* Der ehemalige Treuhand-Mitarbeiter und spätere Unternehmensberater Peter Hartmann übernahm 1991 direkt und über eine Gesellschaft mit dem Namen Bahlmann und Leiber alle drei Unternehmen. Der Kaufpreis war bis Juni 1993 nicht bezahlt worden. Das Unternehmen in Malchow geriet in Gesamtvollstreckung. Gegen Hartmann wurde ermittelt.

*Oranienburg, Walzwerk.* Die *Berliner Zeitung* berichtete am 22. April 2004: »Vor dem Firmenschild Krupp Stahl brennen alte Holzpaletten. Fünf Mitarbeiter stehen vor dem verschlossenen Werktor und lassen niemanden hinein. Sie halten Mahnwache und protestieren damit gegen die beabsichtigte Schließung ihres Werkes. Ein Flugblatt geht herum: ›Krupp kam im vollen Marsch, jetzt tritt er uns in den Arsch – im Namen der Hinterbliebenen: die Gefeuerten.‹ Das war im Juni 1993.

Der Protest der Stahlwerker war vergebens. Wenige Wochen später war es beschlossene Sache: Das Kaltwalzwerk Oranienburg wurde dicht gemacht. 270 Mitarbeiter verloren ihren Job. Für viele war jenes Beispiel ein klassischer Fall von Marktbereinigung, wie er des öfteren bei der Privatisierung der ostdeutschen Betriebe passierte.

Das Kaltwalzwerk Oranienburg gehörte seinerzeit zu den neuesten und modernsten in Europa überhaupt. Für rund 40 Millionen Euro hatte Krupp 1990 das Werk erworben und Millionen an Fördermitteln für die Sicherung von 600 Arbeitsplätzen kassiert. Was den Konzern nicht daran gehindert hatte, die Zahl der Mitarbeiter dennoch auf 270 und die Produktion kräftig herunter zu fahren. Bis die Grenze der Wirtschaftlichkeit erreicht wurde. Die Anlagen wurden nach der Schließung – wie verlautete – demontiert und an China verkauft. Das Gelände ging an einen Handelskonzern.

Heute stehen auf dem ehemaligen Walzwerk-Areal unter anderem ein Kaufhaus und ein Baumarkt. Erst viele Jahre später, 1996, hat Krupp sieben Millionen Mark an Investitionsförderung an das Land Brandenburg zurückgezahlt. Erst nach einer langen Auseinandersetzung ließ sich der Konzern auf diesen Vergleich ein.

*Radeberg, Keradenta.* Im September 1991 wurden die Keradenta-Werke in die Keradenta GmbH (Medizintechnik) und die Keradenta-Wilde GmbH (Künstliche Zähne) geteilt und an Norbert Kalow und Albert Kreitmair – beide Bürger der alten Bundesländer – verkauft, ohne deren Finanzkraft und Seriosität zu prüfen. Kalow schleuste Kredite, die er für die Sanierung erhalten hatte in seine von Konkurs bedrohte Westfirma in Walluf/Rheingau. Die Radeberger Produktionsstätten wurden regelrecht geplündert. Ein Konkursverfahren musste eröffnet werden. Bereits am 21. April 1993 hatten sich die Betriebsräte der Keradenta GmbH und der Keradenta-Wilde GmbH an den Sächsischen Landtag gewandt, nachdem die Betriebsbesetzung und der Hungerstreik einer Reihe von Belegschaftsangehörigen zwar ein Presseecho, aber keinerlei Reaktion der Treuhand ausgelöst hatten. In dem Brief wurde der Hergang detailliert beschrieben und nachgewiesen, dass die Privatisierung von Seiten der Käufer letztlich nur das Ziel verfolgte, die maroden Westunternehmen vor dem Ruin zu retten.

*Bagger-, Bugsier- und Bergungsreederei Rostock.* Am 1. Juli 1991 übernahm die niederländische Firma Jan Zwagermann von der Treuhandanstalt das Unternehmen. Statt eine neuwertige Hubinsel im Wert von 41 Millionen DM als Teil des Kaufpreises einzubringen, lieferte die Firma Zwagermann seinem neuen Unternehmen einen Haufen Schrott, berechnete aber den gleichen Preis. Das Ende waren Konkurs, 160 Millionen Verbindlichkeiten und der Verlust des Arbeitsplatzes für 900 Beschäftigte. Dabei hatten der Betriebsrat und sogar eine Bank die Treuhandanstalt vor der Privatisierung gewarnt, weil man befürchtete, dass die BBB nur als Konkurrent vom Markt verdrängt werden sollte. Der Zwagerman-Geschäftsführer wurde am 23. Dezember 1993 zu fünf Jahren Haft verurteilt.

Strafmildernd wurde dem Angeklagten vom Landgericht Rostock angerechnet, dass seine Angaben hinsichtlich des Subventionsbetruges bei den zusätzlich bereitgestellten Fördergeldern des Landes in Höhe von 9,3 Millionen DM »nicht sorgfältig geprüft« worden waren.

Das Landgericht Rostock stellte in seinem Urteil zur Verantwortung der Treuhandanstalt ausdrücklich fest: »Schließlich ist auch zugunsten des Angeklagten zu berücksichtigen, dass die Treuhandanstalt mit einer fatalen Leichtgläubigkeit den Bekundungen des Angeklagten Glauben schenkte und durch die Veräußerung eines Unternehmens von überregionaler Bedeutung an eine de facto vermögenslose GmbH erst die Voraussetzung für die vom Angeklagten begangenen Straftaten schaffte.«

*Schwarza, Chemiefaserkombinat.* Wer heutzutage die Internetseite von Rudolstadt anklickt, erfährt als erstes, dass die Stadt »Schillers heimliche Gebliebte« war und dann über die »Vorstadt« Schwarza: »Die 1948 in Volkseigentum überführte Thüringische Zellwolle wuchs zu DDR-Zeiten weiter und entwickelte sich als Chemiefaserkombinat Schwarza zum größten Arbeitgeber der Region. Der stetig steigende Fachkräftebedarf erforderte den Bau neuer Wohngebiete und Infrastruktur. Am 1. Juli 1950 wurde das Dorf nach Rudolstadt eingemeindet. Im Norden Schwarzas entstanden ab dem gleichen Jahr zunehmend Häuser in Plattenbauweise, dazu mehrere Schulen, Kinder- und Verkaufseinrichtungen sowie ein großes Kulturhaus.

Die Umstellung der Industriestruktur nach 1990 brachte auch für das Chemiefaserkombinat große Veränderungen. Der Schwarzaer Betrieb wurde zunächst als Thüringische Faser AG mit weit weniger Beschäftigten weitergeführt. Heute ist der Industriestandort Sitz zahlreicher Unternehmensgründungen, von denen mehrere der Chemiebranche angehören.«

Was man verschämt als »Umstellungen der Industriestruktur« deklariert, war ein weiteres tiefschwarzes Kapitel der Treuhandabenteuer. Die Hamburger *Zeit* hatte den Sachverhalt 1993 so beschrieben: »Als Sanjay Dalmia im Herbst 1991 die Thüringische Faser AG in Schwarza übernahm, feierte ihn die Belegschaft noch als den langersehnten Retter. ›Manchmal kommt über Nacht ein Glücksfall‹, freute sich der Vorstandschef des Exkombinats, Gunter Schmidt. Bis zum Einstieg des indischen Großindustriellen galt die Faser AG als hoffnungsloser Fall. Die Krise in der europäischen Chemiefaserindustrie ließ mögliche Investoren vor einem Engagement zurückschrecken. Sanjay Dalmia und sein Bruder Anurag schienen da aus einem anderen Holz geschnitzt. Sie waren offenbar fest entschlossen, von Thüringen aus den schwierigen EG-Markt zu erobern.

So viel unternehmerischer Wagemut imponierte selbst Helmut Kohl. Die Investition der Dalmias stelle einen ›Markstein der neuen deutsch-indischen Wirtschaftsbeziehungen‹ dar, erklärte der Bundeskanzler noch im Februar. Inzwischen hatten die Inder einen weiteren Treuhand-Betrieb gekauft, die Sächsische Kunstseiden GmbH in Pirna. Und der Erwerb eines dritten VEB, der Zellstoff- und Papierfabrik Rostenthal, schien so gut wie perfekt.

Heute, gut vier Monate später, ist die Begeisterung in maßlose Enttäuschung umgeschlagen. Die Kunstseiden GmbH befindet sich im Konkurs. Den Verkauf der Zellstoff- und Papierfabrik hat die Treuhand kurzerhand storniert. Am Mittwoch vergangener Woche ging sogar die Berliner Polizei gegen die Dalmias vor. Sie nahm die Brüder wegen des ›dringenden Tatverdachts der Untreue und des Betrugs‹ fest. Der Hintergrund: Aus Investitionshilfen, die die Treuhandanstalt der Faser AG gewährte, hatten die Inder neun Millionen Mark auf ein Festgeldkonto im malaysischen Kuala Lumpur transferiert. Schon nach 24 Stunden waren die Inder allerdings wieder auf freiem Fuß. Anders als die Polizei, die die Dalmias ohne Haftbefehl festgesetzt hatte, sah der Staatsanwalt lediglich einen

*Protestaktion vor der Treuhandanstalt von Betriebs- und Perso-
nalräten sowie Vertrauensleuten während ihrer 2. Konferenz zu
Arbeitsplatzvernichtung und Lohnraub, Sommer 1992.*

›vagen Anfangsverdacht‹.« 2008 war nur noch von einer
»umgestellten Industriestruktur« die Rede.

*Treuenbrietzen.* Bis 1990 gehörte das Fahrzeugwerk Treuen-
brietzen zum IFA-Kombinat Ludwigsfelde und hatte rund 330
Beschäftigte. Der Jahresumsatz betrug 53,3 Millionen Mark.
Produziert wurden vor allem Pritschensattelauflieger, Lkw-
Unterbauten und Spezialanfertigungen. Am 27. Juni 1990
übernahm die Treuhandanstalt den Betrieb und entließ ein
Drittel der Belegschaft. Von der Firma Kässbohrer erhielt das
Werk den Auftrag 1.000 Anhänger für die Bundeswehr zu ferti-
gen. Im Jahr darauf gab es weitere Entlassungen. Am 1. März

1993 wurde das Werk an die Brüder Horz (Bad Oeynhausen) für 1,5 Millionen Mark verkauft und in »Horz Fahrzeugwerke GmbH« umbenannt.

Zur Charakterisierung der Käufer: Pierre und Kurt Horz jr. waren 22 und 21 Jahre alt und fungierten faktisch als Strohmänner für ihren Vater, der aus dem Schaustellergewerbe kam und sich in der Branche als Karussellbremser den Spitznamen »Lackschuh-Kurt« erworben hatte. Wie der spätere Konkursverwalter herausfand, hatte er sich rund um Bad Oeynhausen darauf spezialisiert, Firmen zu gründen und eines Tages Konkurs abzumelden, der in der Regel mangels Masse abgelehnt werden musste. Die beiden Söhne betätigten sich als Handlanger auf dem Hof des als letztes gegründeten Gebrauchtlastwagenhandels des Vaters. Sie als seriöse Käufer des einst Millionenumsätze erzielenden Fahrzeugwerks zu akzeptieren, gehört zu den hunderten dubioser Abenteuer der Treuhand. Aber der zuständige Geschäftsstellenleiter der BvS, Hans von Sydow, berief sich darauf, die beauftragten Auskunfteien hätten ihm nichts Negatives mitgeteilt und rechtfertigte seine Geschäfte allen Ernstes mit der Behauptung: »Wir haben keinen Fehler gemacht.«

Im Herbst 1993 kam es zu Zahlungsschwierigkeiten der Käufer. Im März 1994 verschwand Kurt Horz sen. nach Spanien. Am 20. April 1994 besetzten die 100 noch verbliebenen Beschäftigten das Werk. Am 2. Mai 1994 wurde die Gesamtvollstreckung eingeleitet, im Juli 1994 die Belegschaft entlassen und Haftbefehl gegen Pierre Horz erlassen. Im April 1997 begann der Prozess gegen Vater und Sohn Horz. Er endete im Jahr 2002 mit einer Verurteilung zu drei Jahren und zwei Monaten Haft.

Die letzte Nachricht über den Betrieb stammte von der Feuerwehr: Beim Unwetter am 1. März 2008 hatten sich Dachplatten über der ausgeräumten Werkhalle gelöst und mussten gesichert werden.

*Welzow Baumaschinen GmbH.* Über ihren Generalbevollmächtigten Herbert Kuppelwieser übernahm die Schweizer Holding General Trust Company (GTC) AG, Zürich, im Juli 1992 den Betrieb. Bei einem Kaufpreis von zwei Millionen DM verpflichtete sich die Treuhandanstalt zu einer Bareinlage in Höhe von 8,5 Millionen DM und zu finanziellen Hilfen von insgesamt 22,3 Millionen DM.

Als Käufer traten zwei Firmen auf, mit denen die Treuhand bereits andere Geschäfte abgewickelt hatte. Deren Bonität hatte die Treuhand laut späterer Aussagen durch Auskünfte bei zwei angeblich renommierten Schweizer Banken und einem US-amerikanischen Informationsdienst überprüft.

Danach kam am 23. Juli 1992 ein Vertrag zustande, der die Baumaschinen Welzow GmbH rückwirkend zum 30. April 1992 an die Schweizer verkaufte. Der Kaufpreis sollte in zwei Raten gezahlt werden, 25 Prozent innerhalb von 30 Banktagen und die restlichen 75 Prozent bis zum 30. Juni 1994. Die Käufer sorgten für eine neue Struktur des Unternehmens, die THA behauptete hinterher, die Zahlungen kontrolliert zu haben. Tatsächlich hatte die bürgende Bank bereits im Dezember 1992 erste Hinweise auf »mögliche Unregelmäßigkeiten« gegeben. Das soll Anlass gewesen sein, »Vermögensverfügungen« zu verhindern, aber ein am 17. Dezember 1992 unternommener Versuch, »Überweisungen anzuhalten, war erfolglos«, was allein dem Vertrag zuzuschreiben war.

Niemand vermochte die tatsächlichen Hintergründe aufzuklären. Auch der Untersuchungsausschuss des Bundestages fand das nicht heraus. Der erfuhr, dass die Treuhandanstalt im Sommer 1993 Kenntnis davon erhalten habe, dass sich »die Liquiditätslage der umstrukturierten Baumaschinen Welzow GmbH wesentlich verschlechtert hatte.« Und als man dem nachging, tauchte auch hier der Begriff »Aushöhlungshandlungen« durch den Generalbevollmächtigten des Erwerbers auf. Die Strafanzeige wurde allerdings nicht von der Treuhand, sondern von der Belegschaft und der IG Metall eingereicht. Und die angeblich für die Verfolgung aller kriminellen Vergehen zuständige »Stabsstelle für besondere Aufgaben der THA/BvS« erfuhr davon nur, weil die zuständige Staatsanwaltschaft sie durch einen Telefonanruf davon in Kenntnis setzte.

Irgendwann erkundigte sich die Treuhand, ob der Käufer inzwischen die zweite Kaufpreisrate beglichen hätte. Sie erfuhr, dass kein Pfennig überwiesen worden war. Am 5. Juli 1994 vereinbarten das sächsische Landwirtschaftsministerium und die

THA die Summe durch die Übernahme nicht »betriebsnot-wendiger Grundstücke« durch die THA auszugleichen.

Eines Tages wollte die Treuhand den Vertrag rückgängig machen, was die Käufer ablehnten und ihre Geschäftsanteile einem Rechtsanwalt als neuem Treuhänder übertrugen, der wiederum die Anteile wieder an drei Mitarbeiter des Unterneh-mens »treuhänderisch« für die Belegschaft übertrug.

1996 hatten die Manipulationen ein Ende, denn die Käu-fergesellschaften gingen in Konkurs, wodurch auch die soge-nannten Vertragsstrafen nicht mehr eingetrieben werden konn-ten. Im Bericht des Treuhanduntersuchungsausschusses hieß es: »eine nicht unerhebliche Summe sei ins Ausland transferiert worden.«

Der »Generalbevollmächtigte« wurde dafür durch ein Urteil des Landgerichts Salzburg im Januar 1996 zu einer Freiheits-strafe von vier Jahren verurteilt, die später auf fünf Jahre erhöht wurde.

Der entstandene Schaden konnte ebensowenig ersetzt wer-den wie die verloren gegangenen Arbeitsplätze.

# Die verschwundene Flotte

Die Geschichte der Deutschen Seerederei gehört unbestritten zu den erstaunlichen Kapiteln der DDR-Geschichte und ist einer der vielen Beweise mehr für die Haltlosigkeit der Behauptung, das Land wäre 1989 pleite gewesen. Denn: Allein die DDR-Handelsflotte wäre weltweit als Milliarden-Kreditbürgschaft akzeptiert worden.

Die Ausgangssituation für eine Handels- und eine Fischfangflotte im Osten Deutschlands war nach 1945 ziemlich schlecht. 1870 galt Rostock noch als Heimathafen für 378 Schiffe, 1910 war die Zahl auf 45 gesunken und 1945 betrug sie zwei. Das eine war der seit 1944 beschädigt im Wismarer Hafen liegende 1.250 Tonnen-Dampfer »Johann Ahrens« und das andere der Leichter »Fortschritt« mit 750 Tonnen.

1950 beschloss die Regierung der DDR eine DDR-Handelsflotte zu gründen, die vor allem Exportgüter transportieren sollte. Der erste Schritt war, die »Ahrens« wieder seetüchtig zu machen. Am 1. Juli 1952 war die VEB Deutsche Seerederei Rostock (DSR) gegründet worden, aber im Frühjahr 1954 mussten beide Schiffe dieser Reederei im Register gelöscht werden. Sechs Monate war die DSR also eine schiffslose Reederei.

Von 1955 bis 1964 wuchs die Anzahl der Schiffe um über 10.000 Prozent. Unter DSR-Flagge fuhren 111 Schiffe mit einer Ladefähigkeit von über 700.000 Tonnen. 54 davon waren in den neu entstandenen DDR-Werften vom Stapel gelaufen. Das größte Problem der Flotte war der Mangel an Kontakten mit Flotten anderer Länder und vor allem mit Unternehmen in den Häfen, die die Schiffe anliefen. Der Hintergrund war auch in diesem Fall der mit viel Aufwand betriebene Alleinvertretungsanspruch der BRD. Eine finnische Reederei durchbrach den Boykott am 1. Januar 1956 und nahm den Linienverkehr zwischen Südfinnland und DDR-Häfen auf.

1977 führte das Register der Seerederei 203 Schiffe, die zeitweise 28 Liniendienste wahrnahmen. Damit war die DSR in weniger als 25 Jahren zu einer der größten Reedereien Europas aufgestiegen, bei der 11.000 Mitarbeiter tätig waren.

Am 1. März 1990 trat die »Verordnung zur Umwandlung von volkseigenen Kombinaten, Betrieben und Einrichtungen in Kapitalgesellschaften« in Kraft. Von den 13.177 Mitarbeitern am 1. Januar 1990 blieben bis zum Jahresende noch 9.493 in Arbeit, zwölf Monate später waren es noch 5.328. Eine unumgänglich gewordene und auch zugesagte Anschubfinanzierung war gestrichen worden. Dafür konstituierte sich ein »Aufsichtsrat«: Klaus Götte (MAN AG), Harald Grube (Reederei Ahrenkiel), Christoph Hinz (Bundesverkehrsministerium), Bärbel Kleedehn (Finanzministerin Mecklenburg-Vorpommern), Klaus Müller-Gebel (Commerzbank), Hans Reich (Kreditanstalt für Wiederaufbau), Peter Tamm (Verlag Axel Springer AG), Wolfgang Trillmich (Dresdner Bank), Dieter Benze (ÖTV Stuttgart), Hans Beuch (DSR), Peter Geitmann (DSR), Bernd von der Knesebeck (DSR), Wilhelm Kuhn (ÖTV Kiel), Gabriele Reiter (DSR), Manfred Seyer (DSR), Eberhard Wagner (DSR).

Als der Auftrag erörtert wurde, sechs Containerschiffe in Auftrag zu geben und die Variante eines Zusammenwirkens mit der Bremer Senatorlinie aufkam, meldete sich der Vorstandsvorsitzende der HAPAG-Schiffslinie in der *Bad Seegeberger Zeitung* zu Wort und wurde deutschlandweit zitiert. Die Schlagzeile lautete: »Ist die DSR-Flotte reif für den Hochofen?« Das Kernzitat des Vorsitzenden war unmissverständlich: »Vergessen Sie die DSR, wir brauchen keine DSR!«

Die Treuhand handelte entsprechend. Ein Sprecher teilte mit, dass mit acht Interessenten verhandelt worden sei. Am 18. Mai 1993 entschied der Vorstand, die Reederei an ein »mittelständisches Konsortium« zu verkaufen. Konkret handelte es sich um die Investorengruppe Rahe Schües aus Hamburg.

Wie man auf die gekommen war, verriet die *Berliner Zeitung* am 30. Mai 2005: »Die Geschichte fing an, als er (*Rahe – K. H.*) zufällig mit einem Treuhandmanager im Flugzeug zusammentraf. Der Mann suchte händeringend einen Käufer für die Deutsche Seereederei. [...] Die Flotte müsse verschrottet werden, forderte die westdeutsche Konkurrenz. Sie hatte zu jener Zeit genug mit eigenen Überkapazitäten zu kämpfen.

Rahe vermag heute nicht mehr zu sagen, warum er dennoch im Frühjahr 1993 ein Kauf-Angebot per Fax nach Berlin schickte. Als Kaufmann war er an der hochdefizitären Reederei nicht interessiert.

›Von 100 Punkten sprachen lediglich zwei Punkte dafür, an eine Übernahme überhaupt zu denken‹, erklärte Rahe. Das seien die qualifizierten Beschäftigten und das Randgeschäft der DSR gewesen. Die Staatsreedeerei hatte sich vor der Wende auch mit Touristik beschäftigt und für Kreuzfahrten das ›Traumschiff Arkona‹ in Dienst gestellt – ein zunehmend boomendes Geschäft. [...]

Die Treuhandanstalt reagierte prompt auf sein Fax und die Dinge nahmen ihren Lauf.«

Am 3. Juni 1993 wurde der Vertrag in Zürich (!) unterschrieben und das gesamte Eigentum der DSR damit rückwirkend zum 1. Januar 1993 an Rahe und Schües übertragen. Nach heftigem Protest des Betriebsrats waren die Konzepte der neuen Besitzer in einer Kurzfassung am 25. Mai dem Aufsichtsrat und der Belegschaft zugestellt worden. Am 4. Juni verwahrte sich der Aufsichtsrat gegen das Vorgehen der Treuhand, fünf Vertreter der »Arbeitgeber«seite, der Vorsitzende und vier weitere Mitglieder des Aufsichtsrates traten aus Protest zurück, was in der Treuhand niemanden beeindruckte. 1996 und 1997 wurden 40 Schiffe der DSR verkauft, »um Liquiditätsprobleme« aus der Welt zu schaffen. Insider wollen wissen, dass Rahe und sein Partner damit ihre finanziellen Probleme aus der Welt schafften, und knapp vor der Insolvenz neue Pfade einschlugen – sehr erfolgreiche, wie sich erwies.

In einem Porträt der *Berliner Zeitung* kokettierte Rahe, er »wisse schon nicht mehr genau, wie viel Firmen er in Ostdeutschland und überhaupt besitze. [...] Hotels, Urlaubsorte, ein Zentrum für präventive Medizin, Immobilien – plus Projektentwicklungsgesellschaften, ein ganzer Pool von Finanzfirmen. [...] ›Den Umsatz haben wir im letzten Jahr um fast 100 Prozent auf über 400 Millionen Euro gesteigert‹, sagt Rahe.«

Über eines seiner gegenwärtigen Projekte informierte *n-tv* am 21. Oktober 2008: Die Deutsche Seerederei (DSR) aus Rostock habe gute Aussichten den Zuschlag beim Kauf der TLG zu erhalten. Die TLG war 1991 als Liegenschaftsdienst der Treuhandanstalt Berlin gegründet worden. Als Preis würden 750 Millionen Euro gefordert – ein Schnäppchen, denn der Nettovermögenswert betrage 940 Millionen Euro.

Dieser Deal wäre der Gipfel: Der Rest des DDR-Vermögens, das noch verschleudert werden soll, wird mit dem Erlös aus dem Verkauf der DDR-Flotte bezahlt!

In der Zeitschrift *Ossietzky* 4/2003 hatte der Schriftsteller Jean Villain einen Artikel mit dem Titel »Beaching« veröffentlicht, ein Begriff, den Seeleute für ein »auf den Strand gesetztes« Schiff verwenden: »Vorigen Sommer erzählte mir ein ehemaliger Hochseekapitän der Deutschen Seereederei auf der Terasse seines Rostocker Vorstadthäuschens bei laufendem Tonband, wie er im Jahr '93 sein Schiff verlor: ›Von den mehr als hundertfünfzig Frachtern, über welche unsere Reederei Anfang 1990 noch verfügte, waren bis Mai '93 gerade noch etwa 60 übrig geblieben, und wir alle wussten, dass über weitere Verkäufe schon verhandelt wurde. Offen blieb nur, welchen Dampfer, welche Crew es als nächstes treffen mochte. [...]

Dass auch unser Schiff verschrottet werden sollte, erfuhr selbst ich, sein Kapitän, erst acht Wochen vor dem Ende. [...]

Als uns der Funkspruch erreichte, hatte das Schiff eine Ladung Bananen für den Iran an Bord. Nachdem wir sie in unserem Zielhafen gelöscht hatten, luden wir in einem saudiarabischen Hafen ein letztes Mal viertausend Tonnen tiefgefrorenes Lammfleisch für Bangladesh. Während der Löscharbeiten in Chittagong erreichte uns ein Funkspruch, demzufolge gerade mit einem der bei Chittagong tätigen Abwrackbetriebe verhandelt werde und wir dort auf Reede weitere Ordre abzuwarten hätten. Dass es derart schnell ernst werden sollte, traf uns ziemlich hart. Wir konnten es erst kaum fassen. War doch das Schiff in bestem Zustand und mit allem ausgerüstet und versorgt und vor kurzem erst generalüberholt worden; gut und gerne hätte es ein halbes Dutzend weiterer großer Fahrten durchgestanden.

Doch darauf pfiff die Reederei. Allein entscheidend war für sie, dass das seit 1990 unter Panamaflagge fahrende Schiff derzeit keinen Profit einfuhr und aus eben diesem Grund auch kaum mehr zu verkaufen war. Jedenfalls nicht an eine andere Reederei. [...]

Zumal es Reedereien im strengen Sinn schon in den frühen 90ern kaum mehr gab. Immer mehr Schiffe wurden im Namen und im Auftrag irgendwelcher anonymer Eigner von irgendwelchen fast so anonymen Briefkastenfirmen gemanagt, hinter denen wieder irgendwelche gleichfalls lieber nicht genannt sein wollende Banken, Konsortien oder reiche Privatleute steckten.

So erfuhren wir, was uns betrifft, erst nachdem alles vorüber war, dass der letzte Eigner unseres Dampfers in Schweden wohnte, geschäftlich jedoch nur über eine Adresse ganz wo anders erreichbar war. Für ihn war das Schiff, das er vermutlich nie gesehen hatte, nichts weiter als eine Kapitalanlage, die für ihn zu ›arbeiten‹ hatte. Tat sie das nicht, egal aus welchen Gründen, musste man sie so schnell und günstig als möglich loswerden. Was in diesem Falle nur bedeuten konnte, das Schiff dort, wo es gerade lag, zu ›beachen‹. Noch besser wäre der Herr Eigner nur weggekommen, wenn der Kahn auf offener See abgesoffen wäre und er die Versicherungssumme dafür hätte kassieren können. Statt der vielleicht legalen anderthalb Millionen hätte ihm die ›nasse Lösung‹ des Problems vielleicht zwei Millionen Dollar eingebracht.

Nachdem also feststand, dass wir ›gebeacht‹ würden, reduzierte der für uns zuständige Manager als erstes unsere bis auf den Chief und meine Wenigkeit ausschließlich aus Philippinos bestehende Crew auf sechzehn Mann. [...]

Mit reduzierter Besatzung vor Chittagong aufs ›Beaching‹ zu warten, ist nicht nur deprimierend, sondern auch gefährlich. Anfangs kam es fast jede Nacht zu Überfällen. Immer wieder gelang es Piraten, unsere Wachen abzulenken und das Schiff zu entern. Was immer ihnen in die Hände fiel, stahlen sie. Ruhe gab's erst, als wir fünf Wachleute von der harten Zunft an Bord nahmen. [...]

Am Tag, als die Flut das höchste Hochwasser erreichen sollte, begaben wir uns auf Position. [...] An jenem Morgen waren wir noch zu acht an Bord [...]

Damit Sie sich ein ungefähres Bild von unserer Lage machen können: Vor uns, im Dunst, noch ziemlich vage, ein vielleicht zehn Kilometer langer flacher Küstenstrich. Darauf lauter Schiffswracks, dicht an dicht. Die einen scheinbar noch intakt, die andern schon halb ausgeschlachtet, und von etlichen nur noch ein Stück des Bodens übrig. Dazwischen ein paar schmale Lücken. Eine davon für das Schiff, auf dem Sie fahren. In diese und keine andere haben Sie es nun zu steuern. Mit dreimal voller Kraft voraus. [...]

Wir hatten Glück. Dieweil sich das noch immer mit voller Kraft laufende Schiff in die fünf bis sechs Meter dicke Schlamm- und Schlickschicht unter seinem Kiel hineinbohrte, sorgten vorne auf der Back der Koch und der Decksmatrose dafür, dass genau im richtigen Augenblick die beiden Anker fielen. [...] Meine Gummistiefel schenkte ich dem Kellner im Hotel.«

Es war durchaus kein Aprilscherz, sondern bitterer Ernst, dass die *Ostsee-Zeitung* am 1. April 1998 meldete: »In Rostock ist gestern vormittag der letzte Rest der DDR-Handelsflotte symbolisch zu Grabe getragen worden. Schwarz gekleidet und vielfach unter Tränen, verfolgten die letzten 146 Beschäftigten der DSR-Senator Lines (DSEN) – eines Unternehmens der Deutschen Seereederei Rostock – das Einholen der Betriebsflagge vor dem Firmensitz an der Warnow. Einige von ihnen waren seit mehr als 30 Jahren Mitarbeiter der Handelsflotte der Deutschen Seereederei (DSR) gewesen.

Ein schwarzer Tag für die Schiffahrt in Rostock und in Mecklenburg-Vorpommern sei das und schlimm für die Familien der hier Beschäftigten, sagte sichtlich bewegt die DSR-Betriebsratsvorsitzende Heide Berling: ›Nicht die Beschäftigten tragen die Schuld am Ende unseres Unternehmens, sondern das egoistische Management in Bremen, das nur an sich gedacht hat.‹ Tatsächlich ist die Nachwende-Geschichte der DDR-Handelsflotte eine Chronik des Niederganges. [...]

Die Deutsche Seereederei, die als Unternehmen für Fährschifffahrt, Reederei, Seetouristik- und Immobilienfirmen weiterhin in Rostock ansässig bleibt, berichtete über die Schließung der DSR-Senator-Lines in ihrem Hausjournal: ›Restrukturierung abgeschlossen‹ [...]«

# Abgenäht

Ein »Veritas-Klub« warnt gegenwärtig im Internet: »Leider kommt es in letzter Zeit, aus unterschiedlichen Gründen, immer wieder zu falschen historischen Aussagen in Wort, Bild und Text über das ehemalige ehrwürdige Nähmaschinenwerk in Wittenberge. Hier in den Headlines haben wir einige Fakten aufgelistet, die in der Mehrzahl durch uns wissenschaftlich recherchiert und erforscht wurden – mit Interpretation und Wertungen durch den VERITASKLUB (Klub des Nähmaschinenwerkes):

• Das Wichtigste und Erstaunlichste unserer Recherchen und Forschungen: das Werk wurde in seiner sozialistischen Ära niemals dem amerikanischen Singer-Konzern enteignet!

• Der VEB Nähmaschinenwerk in Wittenberge, u. a. mit den Markennamen ›VERITAS‹, ›Naumann‹, avancierte in den 1980er Jahren zur modernsten Nähmaschinenfabrik der Welt!

• In den 1980er Jahren wurde es das erfolgreichste Nähmaschinenwerk (Produktion an Nähmaschinen und Verkauf) in Mittel- und Westeuropa. Nur das Werk in Podolsk (SU) produzierte mehr Nähmaschinen als wir und war damit weltführend!

• Der Uhrenturm des Werkes ist die größte freistehende (und begehbare) Turmuhr in Deutschland und auf dem europäischen Kontinent!

• Am Ende der 1980er Jahre entstand im Werk die modernste Gießerei in Europa!

• Der Chefkonstrukteur ›Designer‹, Georg Rummert, revolutionierte 1956 mit seinem Nähmaschinen-Baukastensystem die Nähmaschinenbauweise und das Design der Nähmaschinen. Diese ›Erfindung‹ brachte dem Betrieb internationale Anerkennung. Georg Rummert, geboren in Blankenburg und seit 1950 Nähmaschinenwerker, verbringt heute seinen wohlverdienten Ruhestand in der Prignitz.

• Bis 1945 produzierte die Singer Nähmaschinenfabrik ca. 6,5 Millionen Haushalts-, Kinder-, Industrie-, Spezial- und Gewerbenähmaschinen.

• Nach 1945 wurden insgesamt 7.650.877 Stück Nähmaschinen im Wittenberger Nähmaschinenwerk produziert. Davon waren 7.535.828 Stück Haushaltsnähmaschinen und 115.049 Stück Industrie- bzw. Gewerbenähmaschinen.

• Der 1. Mai 1904 ist das offizielle Datum der Inbetriebnahme der Singer-Fabrik in Wittenberge.

• Die Singer Nähmaschinenfabrik wurde im Laufe der 1930er Jahre die modernste und leistungsfähigste Fabrik ihrer Art in Deutschland.

• Für langjährige, verdienstvolle Mitarbeiter in der Singer AG gab es obligatorisch eine ›goldene ALPINA Uhr‹ aus Glashütte, als Auszeichnung laut Betriebssatzung eine Urkunde und einem Sachgeschenk in Form einer finanziellen oder materiellen Anerkennung. Bei der ›High Society‹ konnte es natürlich eine goldene Uhr sein. Hinweis: ALPINA war die ›Rolex‹ der damaligen Zeit.

• ›Urautor‹ des Markennamens ›VERITAS‹ war der Dresdner Nähmaschinenfabrikant Clemens Müller. Die Rechte auf das Warenzeichen/Markenname ›VERITAS‹ gingen am 2. Oktober 1955 auf den VEB Nähmaschinenwerk Wittenberge über. Müllers Nachfahren leben noch im Raum Dresden. Das Warenzeichen, der Markenname ›VERITAS‹, lateinisches Wort für *Wahrheit*, ist heute sehr begehrt unter den Herstellern von Nähmaschinen. Derzeit im Besitz der schweizerischen ›BERNINA AG‹. […]«

Ende November 2008 brachte der Veritas-Klub Band 4 heraus, in dem eine der 54 Druckseiten für eine »Danksagung« genutzt wurde: »Die Recherchen zu dieser Buchedition waren schwierig, sehr schwierig sogar. Viele Zeitzeugen, Firmen, Institutionen, Archive und so weiter, konnten, wollten oder durften sich nicht erinnern. Wir haben auch Verständnis dafür, dass einige Personen und Institutionen hier namentlich nicht aufgeführt werden möchten. Ihnen gilt natürlich unser Dank. Besonders herzlichst bedanken möchten wir uns aber bei denjenigen, die den Mut aufbrachten, uns zu unterstützen.« Die waren genannt, insgesamt 48 Personen oder Instanzen.

Auch in Wittenberge begann der Untergang mit dem Erscheinen eines Käufers bei der Treuhand. In diesem Fall kam er von sehr weit her. In dem von Lothar A. K. Wuttke herausgegebenen Buch »Liquidation« wird der Vorgang so beschrieben: »Im Frühsommer 1991 bekundete ein Joergen Knoop-Schade von der ›Consult-Diamant-Beratungsgesellschaft mbH‹ Hamburg, das Interesse an einer eventuellen Ü‹bernahme des Nähmaschinenwerkes durch die indonesische ›HAS-Group‹ (Haji Abdullah Saly-Gruppe), [...] eine Unternehmung der Salim-Familie, reichster Familienclan Indonesiens. Bis zur Finanzkrise 1997 war das Salim-Imperium auch der größte indonesische Konzern. Im Nähmaschinenwerk waren zu dieser Zeit nur noch 1.720 Arbeitnehmer in Lohn und Brot.

Die indonesische ›HAS-Group‹ garantierte der Treuhandanstalt Investitionen von 60 Millionen Mark sowie die Beschäftigungsgarantie für 800 Mitarbeiter bis 1994 und die Fortführung der Produktion bis 1996. Bedingung dafür war die Fertigung und Lieferung von 40.000 Haushaltsnähmaschinen noch im Jahre 1991 nach Indonesien. Innerhalb von wenigen Monaten wurden die 40.000 Haushalts- und Gewerbenähmaschinen unter extremen persönlichen Abverlangungen, unzähligen Überstunden, geringen Lohnzahlungen (der Lohn betrug nur ein Drittel gegenüber dem Westgehalt), sehr hoher Arbeitsintensivität, unsicheren Tarifverhältnissen, fehlender sozialer Absicherung, keiner oder ungenügender Gewerkschaftsarbeit, wegbrechender Erholungsmöglichkeiten und so weiter, gefertigt und auch geliefert. Als das letzte Containerschiff im Hafen von Jakarta anlegte, da blieben die Container mit den Nähmaschinen auch gleich dort liegen.

Die ›HAS-Group Indonesien‹ verlor sogleich das Interesse an dem überseeischen Neubesitz in Wittenberge und kam ihren Verpflichtungen nicht nach. Die Wittenberger Geschäftsleitung verlangte zwar die Herausgabe der Nähmaschinen und prozessierte 1991 bis 1992, aber ohne Erfolg. Die Nähmaschinen blieben zum größten Teil in Indonesien und werden heute, unter anderem das Modell ›Universal-Nähmaschine Profi 1710 und 1770‹, von der indonesischen Firma ›Gaston‹ eines Rahadi Elwis Wilaksono in Yogyakarta verkauft.

Im Jahre 2008 recherchierte der Veritasklub: Knoop-Schade sitzt wegen Auftragsmords im Gefängnis, Saly ist in Indonesien spurlos verschwunden, B. J. Habibie, Chef von Saly und Freund von Helmut Kohl, residiert heute fürstlich in Kakerbeck bei Stade oder in München, der Chef der ehemaligen Deutsch-Indonesischen Handelsgesellschaft in Indonesien, Fritz Kleinsteuber, zog sich mit einer indonesischen Frau in das Hinterland zurück und der Rest, an der Transaktion beteiligten westdeutschen Topmanager und Institutionen, kann sich an nichts mehr erinnern!«

So zügig wie die Nähmaschinen in Indonesien verschwunden waren, sorgte die Treuhandanstalt dafür, dass das Nähmaschinenwerk nach diesem Zwischenspiel verschwand. Am 23. Oktober 1991 schrieb der für solche Operationen hinlänglich bekannte Hero Brahms nach Wittenberge: »Durch den Leitungsausschuss der THA wurde die Nähmaschinenwerk Wittenberge GmbH als nicht sanierungsfähig- und würdig eingestuft. [...] Ich bitte Sie [...], alle erforderlichen Maßnahmen zu treffen.«

Bemerkenswert die Brahms-Formulierung, wonach das Werk nicht »sanierungswürdig« sei. Wo beginnt Würde in diesem Zusammenhang? Schiller hatte in seinem Gedicht »Der Künstler« geschrieben: »Der Menschheit Würde ist in eure Hand gegeben, Bewahret sie!«

Das galt dem Sinne nach in extremem Maße für die Treuhand, die in diesem Fall – möglicherweise unbewusst – bekundete, was sie von Menschenwürde hielt.

Am 31. Januar 1992 wurden die letzten Nähmaschinenwerker gekündigt. Die Geschäftsführer wurden zum 21. Februar entlassen. Bei der Liquidations-Versteigerung am 30. März 1993 kam unter den Hammer, was übriggeblieben war. Filetstücke wie die Disamatic-Anlage wurde nach Kairo verschifft, die Taktstraße in Richtung Iran verladen.

2001 wurde die Wort-/Bildmarke »Veritas« aus dem Markenregister des Deutschen Patent- und Markenamtes gestrichen.

Seit 1999 verwaltete ein Bank das Gelände.

Einen Käufer fand sie bislang nicht.

# Wie Narva erlosch

Mitte des 19. Jahrhunderts entstand unweit der Berliner Oberbaumbrücke Berlins erstes Wasserwerk, das aber schon 1893 wieder stillgelegt wurde. Kühne Stadtpolitiker versuchten 1894, dort eine Müllverbrennungsanlage zu errichten, scheiterten aber. Sie waren wohl ihrer Zeit zu weit voraus.

1912 brachte die Auer-Gesellschaft das erste künstliche Licht in die Gegend, ein Glühlampenwerk, dessen Kerngebäude mit elf Stockwerken Berlins erstes Hochhaus war.

1946 setzte man dort die Glühlampenproduktion fort, 1949 erhielt das Unternehmen den Namen VEB Berliner Glühlampenwerk, 1969 wurde es zum Kombinat Narva. Der Betrieb war mit mehr als 5.000 Mitarbeitern einer der größten Lampen-Produzenten östlich von Elbe und Saale. 1963 war der Bau um einen attraktiven Glasturm erweitert worden.

1990 erklärte die Treuhand das Narva-Kombinat zu ihrem Eigentum und machte sich daran, es zu verhökern, hatte dabei aber mehr Schwierigkeiten als anderswo, weil der Betriebsrat entschlossenen Widerstand leistet.

Auch in diesem Fall hatte die Treuhand keinerlei Interesse gezeigt, nach einem Käufer in der Branche zu suchen. Das Organ der IG Metall *metall* beklagte damals, dass der Betrieb einem Immobilienmakler angeboten worden war und der noch vor dem Zuschlag durch die Treuhand die moderne Produktionsstraße für Glühbirnen konkurrierenden Firmengruppen zum Verkauf angeboten hatte. »Unter anderem Osram, bis Kriegsende Besitzer des Narva-Geländes. Doch schon unmittelbar nach der Wende hatte Osram abgelehnt, wieder bei Narva einzusteigen. Begründung: kein Bedarf an zusätzlichen Kapazitäten. Für den Betriebsratsvorsitzenden Michael Müller ist klar: ›Wenn der Immobilienmakler Klingbeil den Zuschlag bekommt, ist Osram einen potentiellen Konkurrenten los‹. Eine Immobilie von 98.000 Quadratmetern im Herzen Berlins wechselt den Besitzer. Und wir können die

Glühlampenwerker umschulen auf Etagenkellner in künftigen Klingbeil-Hotels.«

Der Hintergrund war für alle Beteiligten offensichtlich. Die Klingbeil-Gruppe war ein Unternehmen, das schon vor 1989 in Westberlin Bauskandale verursacht hatte. Sie hatte für Wohnungssanierungen im Westteil der Stadt zur Verfügung gestellte Fördersummen kassiert sich vor allem durch städtische Amtsträger, die sie bestach, zahllose Aufträge verschafft. Nach dem Fall der Mauer schwärmten Klingbeil-Agenten gen Osten aus und das Narva-Gelände, samt der dazugehörigen Erholungsobjekte schien ihnen ein Filetstück zu sein.

Den dort Tätigen war klar: Geriet Narva in die Klingbeil-Hände, war an Glühlampenproduktion nicht mehr zu denken.

In ihrer Not wandte sich die Narva-Belegschaft auch an den Schriftsteller Stefan Heym, vermutlich weil der ständig Kolumnen in einem der bald wieder verschwundenen Boulevardblätter schrieb. Heym: »In der Zeit, erinnere ich mich, erhielt ich einen Anruf von Arbeitern der Narva-Werke in Berlin, man stellt dort elektrische Birnen her und ähnliches. Ihre Gewerkschaft, sagten sie, sei nicht mehr existent, dito Gott sei Dank auch ihre Parteiorganisation; ob ich ihnen vielleicht einen Rat geben könnte, wie sie mit ihrem Eigentum, den Narva-Werken, verfahren sollten.

Ich ging hin. Da saßen mehrere hundert Männer und Frauen in ihrer Arbeitskleidung und machten sich Sorgen um ihren Betrieb, der allerdings in keinem besonders guten Zustand zu sein schien – aber jedenfalls produzierten sie noch und berichteten, Osram, ihre alte Firma drüben, sei an einer Zusammenarbeit mit ihnen interessiert.

Ein anderer sagte, man würde Osrams Hilfe zweifellos brauchen und würde dafür auch zahlen müssen, möglicherweise könnte man ein Joint Venture mit Osram machen, aber achtet darauf, Kollegen, dass ihr 51 Prozent der Narva-Anteile für euch behaltet.

An die Treuhand dachte noch keiner; Volkseigentum war Arbeitereigentum, und Narva war ihres. Die Treuhand wird wissen, wem sie den Narva-Betrieb nun zuzuschustern gedacht hat und wie viele von den Kollegen, die sich damals um ihren Betrieb bemühten, dann noch darin arbeiten werden.«

Ein knappes Jahr später gab es kein Rätseln mehr und wieder sei *metall* zitiert: »Was sich hier abspielt, ist ein Nervenkrieg ohne Beispiel.‹ Erschöpft rückt Michael Müller seine Brille zurecht, reibt sich die Augen. ›Seit mehr als einem Jahr kämpfen wir jetzt um unsere Existenz. Und jeden Tag ein neues Gerücht, neue Unsicherheit.‹

Der Narva-Betriebsratsvorsitzende und seine Kollegen haben bittere Monate hinter sich. Von den einst 5.000 Beschäftigten des Kombinat-Stammbetriebes sind noch 1.400 im Werk. Die anderen mußten zum 30. Juni entlassen werden, abgefunden von einem Sozialplan.

Aber wenigstens sah es jetzt so aus, als würde bei Narva das Licht nicht ausgehen: Neue Geschäftsleitung, Aufsichtsrat und Betriebsrat haben ein Konzept, den Glühlampenhersteller wenigstens in einer Nische des aufgeteilten Markts überleben zu lassen. Und die aktuelle Auftragsliste ist ›überraschend‹ gut.

Und es gab Bewerber für das kleine Stück aus dem großen Treuhand-Imperium. Zwar wollte keiner der Elektro-Multis bei Narva einsteigen, aber vier Investorengruppen signalisierten Interesse. Darunter mindestens zwei, die auch weiter Glühlampen bauen wollen.

Doch wie die einzelnen Konzepte aussehen, zu welchen Bedingungen und mit welchen Arbeitsplatzzusagen verkauft wird, wissen Narva-Belegschaft und Betriebsrat bis heute nicht. Jedenfalls nicht von der Treuhand. ›Seit Monaten versuchen wir, alle Angebote auf den Tisch zu bekommen‹, berichtet Michael Müller, ›doch bis heute haben wir nichts gesehen.‹ Auch der Narva-Aufsichtsrat, von der Treuhand selbst eingesetzt, fühlt sich übergangen: ›Ich kann nicht sagen, dass ich über alle Angebote ausreichend informiert worden bin‹, sagt sein Vorsitzender, der Berliner Unternehmensberater Dr. Hans-Ulrich Abshagen.

Dafür scheint der zuständige Treuhand-Direktor Dr. Wolf R. Klinz genau zu wissen, welcher Bewerber für Narva der richtige ist: eine Investoren-Gruppe um den Klingbeil-Konzern.«

Nicht erwähnt wurde allerdings in diesem Bericht, dass ursprünglich auch Osram zu den Interessenten gezählt hatte. In Augsburg hatte man bereits eine neue Produktionslinie konzipiert, die im Januar 1991 dann sogar von Narva in der

Hoffnung gekauft wurde, künftig mit Osram-Birnen auf den Markt gehen zu können. Den plötzlichen Verzicht auf das Narva-Objekt erklärte Osram mit ungenügenden Antworten der Treuhand auf das Angebot.

Wie *metall* richtig vermutet hatte, sorgte Klinz dafür, dass die Klingbeil-Gruppe den Zuschlag erhielt. Er »begründete« das am 6. August 1991 vor laufenden Fernsehkameras vor allem mit der Zahl angeblich garantierter Arbeitsplätze: »Arbeitsplätze nicht nur – das betone ich ausdrücklich –, die dem traditionellen Geschäft der Narva erhalten bleiben können, für absehbare Zeit, sondern auch die Arbeitsplätze, die durch entsprechende systematische und professionelle Ausnutzung der Möglichkeit eines Standorts neu geschaffen werden können.«

Wer genau hinhörte, konnte heraushören, dass Klinz schon von den Immobilien-Absichten der Klingbeil-Gruppe wusste.

Heinz Pietzsch, einer aus einer interessierten Immobilien-«Gruppe« in einem Interview: »Es ist eine riesengroße Herausforderung, aus Narva ein gesundes mittelständisches Unternehmen zu machen.«

Ein »mittelständisches Unternehmen«? Ahnungsvoll ließ Pietzsch den Satz folgen: »Sollten da irgendwelche Kräfte gegeneinanderziehen, wird es sehr schwer.«

Mit den »Kräften« meinte er den entschlossen die Interessen der Arbeiter vertretenden Betriebsrat.

Dessen Widerstand versuchten die Kaufinteressenten mit einer Erpressung zu brechen: Würde er sich weigern, eine sein Einverständnis bekundende Erklärung an die Presse zu unterschreiben, würde man sich von allen Verhandlungen zurückziehen. Der Betriebsrat weigerte sich.

Der Vertreter der Arbeiter im Narva-Aufsichtsrat, Peter Martin Bock, schrieb Frau Breuel wegen dieses Vorfalls am 23. August: »In meinem Beisein wurde von der Klingbeil-Pietzsch-Wertkonzept-Gruppe erklärt: ›Wir haben von euch langsam die Schnauze voll [...]. Wenn nicht bis zum 21. August erklärt und unterschrieben wird, steigen wir aus dem Geschäft aus. Ein anderer Bewerber bekommt das Objekt nicht, dann macht die Treuhand den Laden dicht.« Es stieg aber niemand aus. Aus triftigem Grund: In der dem Verkauf folgenden Pressekonferenz wurden die Treuhandmanager gefragt, ob der Deal neben den knapp 100.000 Quadratmetern Narva-Betriebsgelände auch die rund 30.000 Quadratmeter Stadion- und Bootshausfläche an der Spree enthalte? Man blätterte verlegen in den Akten und gestand dann, dass dieses Gelände mitverkauft wor-

*Der einzige ostdeutsche Hersteller für Haushalts-Batterien (»Belfa«) wurde auch ein Opfer der Treuhand. Die Intentionen des Erwerbers aus München versuchen die verbliebenen Betriebsangehörigen mit Sarkasmus zu unterlaufen, Sommer 1993*

den sei. Damit war die Unterschleife aber noch immer nicht in ihrem ganzen Umfang offenbart: Auch die Narva-Ferienheime gehörten dazu!

In diesem Augenblick betrat Franz Wauschkuhn, Sprecher der Treuhand die Szene, und »erklärte« den Journalisten im

*»Die Firma wurde sowohl von externen Gutachtern als auch von Beratern der Firma KPMG im Auftrag des Leitungsausschusses beim Bundesfinanzministerium als sanierungswürdig eingestuft«, berichtet am 18. Februar 1997 die* Berliner Zeitung. *Doch nun müsse die Batteriefabrik Batropa GmbH Konkurs anmelden. »Der Treuhandnachfolger BvS verweigert trotz günstiger Perspektiven eine Liquiditätshilfe. Der Senat wartet untätig ab.« Es liege »nicht im Interesse der Allgemeinheit, angeschlagene Unternehmen ›künstlich am Leben zu erhalten‹, betonte Marco Hardt, Sprecher von Senator Elmar Pieroth.«*

Treuhandstil die Lage: »Hier sind ja die Kombinate so geführt worden wie große Fürstentümer, und die Kombinatsdirektoren, die haben Land gerafft wie sie konnten! Und da hier keine ordentlichen Grundbücher geführt wurden, haben wir nicht immer den Überblick im ersten Angang, was alles zu einem großen Kombinat, zu einer Industriefirma gehört.«

Dies zur Illustration der damaligen Situation! Wauschkuhn rühmt sich übrigens noch heute seiner damaligen Auftritte. Bei einer Lesung am 4. Juni 2008 im Klub des Deutschen Beamtenbundes stellte Nicki Pawlow ihren Treuhand-Roman »Die Frau in der Streichholzschachtel« vor und als kompetenter »Gesprächpartner« war Wauschkuhn eingeladen worden. Er habe an diesem Abend – so der offizielle *dbb-Report* – »aus dem Nähkästchen geplaudert, über zwiespältige Firmenverkäufe, hilflose Fabrikarbeiter und« – man höre und staune – »über die Willkür, mit der manche Sanierung und Abwicklung getroffen wurde.«

Um das Ausmaß des Narva-Gelände-Verkaufs-Betrugs zu präzisieren, seien folgende Zahlen genannt: Zu den 93.000 Quadratmetern Narva-Betriebs-Gelände kamen 200.000 Quadratmeter weiterer Immobilien – oft in Luxuslage – hinzu. Sie waren allesamt für 75 DM pro Quadratmeter verhökert worden. Dass dieser Deal zunächst scheiterte, war – wie schon erwähnt – allein dem Widerstand des Betriebsrats zuzuschreiben. Im September wurde ein Brief bekannt, in dem die Klingbeil-Gruppe die im Januar für 21 Millionen DM gekaufte Osram-Produktionslinie zum Verkauf anbot.

Frau Breuel, daraufhin befragt, schwor, nie davon gehört zu haben: »Wir haben uns mit Narva besonders viel Mühe gemacht, weil wir wussten, dass es Unruhe gab. Die Diskussion ist deswegen hochgekommen, weil die IG Metall Sorge hatte, dass das Unternehmen stillgelegt werden sollte und einen entsprechenden Brief vermutete. Aber da haben wir uns vergewissert, den Brief gab es nicht, und ich bin überzeugt, die richtige Entscheidung getroffen zu haben.«

Zu diesem Zeitpunkt hatte der Geschäftsführer der Klingbeil-Gruppe, Klaus Groenke, längst die Echtheit des Briefes bestätigt.

Zu der Breuel-Erklärung noch eine unerlässliche Anmerkung. Ihr Hinweis darauf, dass sich die Treuhand mit Narva besonders viel Mühe gemacht hatte, »weil wir wussten, dass es Unruhe gab«, ließ erkennen, wie wichtig damals »Unruhe« selbst dann noch war, wenn viele schon alles verloren glaubten.

Schließlich ging das Glühlampenwerk 1992 für 254 Millionen DM an die bayerische Firma Härtl, die sich als »Firmensanierer und Immobilienentwickler« ausgab und dem neu entstandenen Unternehmen den altgriechischen Namen Priamos gab. Die Immobilien gingen an die Firma Sirius, ebenfalls im Besitz von Härtl. Priamos übernahm 1.080 Beschäftigte, »garantierte« für drei Jahre Arbeitsplätze und Umschulungsangebote und wurde nie belangt, als diese Zusage nicht realisiert wurde.

Hartnäckig hielt sich das Gerücht, dass Härtl dem Osram-Konzern die Beendigung der Produktion garantiert hatte. Diese Garantie wurde erfüllt.

Es blieb ein kleines Unternehmen, die »Gesellschaft für Lichttechnische Erzeugnisse«, dessen Gründer die Autorin Burga Kalinowska 2004 im *Freitag* die ihm gebührende Aufmerksamkeit geschenkt hatte und zwar einschließlich der Zeit, die er bei »Priamos« verbrachte hatte: »›Ein interessanter Name. So hieß der letzte König von Troja, bevor es unterging.‹ Bei Priamos kommt Dr. Ing.oec. Pfau in die Unternehmensplanung und soll 1.080 Leute in Brot und Arbeit bringen, tatsächlich aber ein Stück Absurdistan der Marktwirtschaft aufführen: er soll Schuhgeschäfte ansiedeln und Kollegen zu Verkäufern umschulen.

›Dann wurden 500 Leute entlassen – trotz Beschäftigungsgarantie. Das war das Schlimmste. Ich sollte einem Kollegen die Papiere geben, mit dem ich jahrelang zusammen gearbeitet hatte […]. Wissen Sie, wie man sich da fühlt? Es war nur zum Kotzen. Ich habe mich danach gefragt, warum hast du nicht Nein gesagt? Das war es eben: Ich hatte doch wieder funktioniert.‹

Vielleicht war das der letzte Anstoß. Jedenfalls laufen Pfaus Überlegungen von da an auf einen Punkt zu: Eine eigene Firma gründen. Mit Kollegen entwickelt er das Konzept der Gesellschaft für Lichttechnische Erzeugnisse. ›Hätten wir damals über die Dimension der Entscheidung nachgedacht, vielleicht wären wir dann das Risiko nicht eingegangen. Aber man lernt mit dem Druck zu leben und nach dem Prinzip Hoffnung zu handeln.‹

Vera Müller, Matthias Pfau und Dietmar Schubert schmeißen 1994 ihr gesamtes Vermögen in einen Topf, melden Förderungen an, verhandeln den ganzen Sommer mit Priamos über den Rauskauf von Narva-Technik.

›Kaufen hieß Kohle, die wir nicht hatten. Schwache Eigenkapitaldecke – das geht fast jedem Ostdeutschen so. Banken sind in diesem Fall sehr zurückhaltend. Wir saßen beim Notar und hatten selbstschuldnerische Bürgschaften am Hals. Ich habe nächtelang nicht geschlafen.‹

Seit dem 1. November 1994 gibt es die G.L.E, und das Konzept funktioniert. Narva bleibt ein solides Markenzeichen. ›In dieser Firma wird man nicht reich, aber wir kommen gut miteinander hin‹, meint Pfau. 87 Kollegen haben Arbeit.

Eine Erfolgsgeschichte also? Pfau weiß nicht so recht. Eher eine über Veränderung und Erfahrung. ›Das haben wir doch voraus; Was gottgegeben schien, zerbrach in Wochen. Manchmal kommt mir der Gedanke, vielleicht erlebe ich noch ne Wende.‹«

Und anzumerken wäre auch noch: In die denkmalgeschützten, aufwändig sanierten Gebäude zogen Multimedia- und Werbefirmen. Im ›Narva-Turm‹ – kleiner Treppenwitz – residiert der mächtige BASF-Konzern mit seiner europäischen Service-Zentrale.

Nach dem Ende der Narva-Produktion schrumpfte die Bevölkerung im umliegenden Kiez um die Hälfte, das Wohnviertel drohte ins soziale Elend abzukippen. Heute sind Kiezwohnungen wieder gefragt.

Geblieben ist von Narva auch die 1949 gegründete Betriebssportvereinigung, die die Namen BSG Motor Friedrichshain-Ost, BSG Motor Berliner Glühlampenwerk, BSG NARVA Berlin trug und seit 1991 als SG NARVA Berlin e.V. existiert. Der Verein bewahrte neben dem Namen manche Tradition und betreibt heute noch Handball, Boxen, Rudern, Alterssport, Volleyball, Gymnastik, Turnen, Freizeitsport und Schach.

# Literatur und Treuhand

Festzustellen gilt: Obwohl das Thema Treuhand viele deutsche Gemüter bewegte, fand es in der Literatur – Sachbücher und Reportagen in Zeitungen, Magazinen und TV-Produktionen ausgenommen – kaum adäquates Echo. Dabei hätte die Treuhand nicht nur zum Thema für Krimi-Autoren werden können, sondern vor allem für Literaten, die sich vom gesellschaftlichen Geschehen motivieren lassen. Einzig Nobelpreisträger Günter Grass widmete sich dem Skandal mit der ihm eigenen Meisterschaft. So schrieb er in Anlehnung an Fontane den Roman »Ein weites Feld« und erntete dafür viel Zustimmung, aber auch die Wut derer, die die Treuhand für ein Tabu-Thema hielten.

In einer von *Radio Bremen* 1998 verbreiteten Diskussion sagte Grass: »Indem ich die Tätigkeit der ›Treuhand‹ von ihren Anfängen her beschreibe, indem ich diese Besitznahme des Ostens durch den Westen von den Anfängen her darstelle und erzählend wiedergebe, ist die katastrophale bis in die nächste Generation hineinreichende Schädigung des Einheitsprozesses vorweggenommen. Man möge bitte heute mit Abstand prüfen, das was ich dort über die ›Treuhand‹ geschrieben habe – ich fürchte, dass diese kriminelle Vereinigung namens ›Treuhand‹ mehr Schaden angerichtet hat, als ich geahnt habe und ahnend aufgeschrieben habe, als das Ganze anfing.«

In seinem Buch »Mein Jahrhundert«, das auch bei dtv erschien, »verwandelte« er sich in Birgit Breuel und schrieb: »Beinhart sei ich, heißt es. Was soll's! Hätte ich etwa, nur weil ich eine Frau bin, Schwäche zeigen sollen? Der mich hier niederschreibt und meint, mir ein Zeugnis ausstellen zu dürfen – ›Sozialverhalten mangelhaft!‹ –, wird, bevor er meine unterm Strich stets erfolgreichen Tätigkeiten als Pleiten auspinselt, zur Kenntnis nehmen müssen, dass ich alle, aber auch alle Untersuchungsausschüsse bei bester Gesundheit, das heißt unbeschadet überstanden habe und auch im Jahr 2000, wenn dann die Expo läuft, allen Korinthenkackern und Fliegenbeinzählern gewachsen sein werde. Sollte ich aber fallen, weil plötzlich diese Sozialromantiker das Sagen haben, werde ich weich fallen und mich auf unseren Familiensitz mit Elbblick zurückziehen, der mir blieb, als Papa, einer der letzten großen Privatbankiers, in den Bankrott getrieben wurde. […]

Aber ja! Ich liebe die Poesie, doch auch das monetäre Wagnis, gleichfalls das Nichtkalkulierbare, wie einst die ›Treuhand‹, die unter meiner, schließlich nur unter meiner Aufsicht Milliarden bewegt, viel Tausend Betriebsruinen in Rekordzeit abgewickelt und Leerraum fürs Neue geschaffen hat, weshalb dieser Herr, der offenbar vorhat, die von mir für erbrachte Leistung gewährten Spitzengehälter mit unvermeidbaren Sanierungsschäden zu verrechnen, einen – wie gehabt – übergewichtigen Roman plant, in dessen Verlauf er mich mit einer Figur aus dem Werk des Dichters Fontane in Vergleich bringen will, nur weil eine gewisse ›Frau Jenny Treibel‹ es genau wie ich verstanden hat, das Geschäftliche mit der Poesie zu verbinden. […]

Warum nicht? Werde fortan nicht nur die beinharte ›Frau Treuhand‹ sein – auch ›Eiserne Lady‹ genannt –, sondern obendrein zum Bestand der Literaturgeschichte gezählt werden. Dieser Sozialneid und Haß auf uns Besserverdienende! Als hätte ich mir den einen, den anderen Job ausgesucht. Jedesmal rief die Pflicht. Berufen wurde ich jedesmal, ob nach Hannover als Minister für Wirtschaft oder später ins große Haus in der Wilhelmstraße, als dort mein Vorgänger – von wem wohl? – einfach weggeschossen wurde, worauf bei der Treuhand Not am Mann war. […]

Zugegeben: Es gab Arbeitslose, gibt sie immer noch. Der Herr, der mich niederschreibt, will mir Hunderttausende anhängen. Was soll's, sag ich mir. Denen bleibt immer noch die soziale Hängematte, während ich mich rastlos neuen Aufgaben zu stellen habe, denn als vierundneunzig die Treuhand ihr unvergleichliches Werk vollbracht und die Überreste kommunistischer Planwirtschaft planiert hatte, musste ich mich sofort aufs nächste Abenteuer, die Weltausstellung, vorbereiten. […]

Ich – und nicht die westdeutsche Kali-Industrie – soll Bischofferode, das Aus für ein paar tausend Kalibergleute verschuldet haben; ich – und nicht etwa Krupp – soll in Oranienburg das Stahlwerk plattgemacht haben; ich – und kein bisschen Schweinfurts Kugelfischer – soll es gewesen sein, die sämtliche Kugellagerwerke aus grauer DDR-Zeit in den Ruin getrieben hat; mir wird der Trick untergeschoben, mit staatlichen Ostgeldern maroden Westbetrieben – etwa Bremens Vulkanwerft – auf die Sprünge geholfen zu haben; mir, der Frau Treuhand, auch Jenny Treibel genannt, soll bildträchtig – und auf Kosten hilflos zappelnder Menschlein – ein Milliardenschwindel von der Hand gegangen sein. […]

Nein. Mir hat keiner was geschenkt. Alles habe ich mir nehmen müssen. Kein Kleckerkram mit sozialem Klimbim, nur gigantische Aufgaben haben mich herausfordern können. Ich liebe nun mal das Risiko, und das Risiko liebt mich. Wenn aber eines Tages das Gerede über die angeblich zu hohe Arbeitslosigkeit und die spurlos, ich betone, spurlos verschwundenen Gelder vorbei sein wird, wenn ab 2000 kein Hahn mehr wegen subventionierter Eintrittskarten für die Expo krähen und niemand mehr über ähnliche Kinkerlitzchen reden will, wird man erkennen, welch immense Freiräume die Treuhand durch beinhartes Abräumen erkämpft hat.«

Von Stefan Heym war schon die Rede gewesen. Er sparte in seinen Kommentaren nicht mit derben Worten. 1991 schrieb er in der *SUPERillu*: »Und alles, was noch einigermaßen brauchbar gewesen aus den Beständen der alten DDR, wird abgewickelt und vernichtet, und alle Werte, die man noch nützen könnte, Grund und Boden etwa und Gebäude, werden ihren eigentlichen Besitzern, dem Volk, unterm Hintern wegeskamotiert und zu Billigpreisen verscherbelt, an wen eigentlich, bitteschön, und, wie ich gerade in der Zeitung lese, wurden jetzt sogar eine Million Flaschen Weißbier, aus der auch von der Treuhand geschlossenen Weißenseer Brauerei, auf den Müll gekippt, weil die Treuhand die Lagerhalle, in der das Bier lag, einem Interessenten eilig zugeschoben hatte.

Wir sind das Volk – da hätten sie uns doch wenigstens jedem eine Flasche Bier geben können, mit den Komplimenten der Treuhand.

Die Sache hat natürlich ihren sozialen Sinn. Hat sich mal einer überlegt, warum immer die Ostbewohner, seien sie Arbeiter, Ingenieure, Verwaltungsleute, Ärzte oder was auch, ihre Jobs verlieren? Warum nicht auch mal ein westlicher Deutscher? Sind die im Osten wirklich fauler und dümmer als die Brüder und Schwestern drüben? Ich habe immer gefunden, dass ein östlicher Handwerker, wenn mal ein Ersatzteil fehlte, sich besser zu helfen wußte als der Westkollege; das Improvisieren hatte er ja jahrelang geübt.

Wo ist die Gleichberechtigung? Haben sich zwei Teile eines Volkes in Freiheit vereinigt, oder hat der eine, der reichere, sich den anderen, ärmeren, untertan gemacht und verfährt nun mit ihm nach Gutdünken, nach dem Gutdünken der Treuhand?«

Rolf Hochhuth brachte »Wessis in Weimar – Szenen aus einem besetzten Land« auf die Bühne, aus dem so manche Zeile zu zitieren wäre, schon weil das Stück kaum gespielt wird. In der Szene »Goethe – Hotel Weimar« zeigt eine »Beschließerin« Gästen aus dem Westen – Eva und Drepper – ihre Zimmer.

»BESCHLIESSERIN, lässt eine Frau Mitte Vierzig und einen Herrn Ende Vierzig vor sich eintreten, schließt hinter sich die Tür und sagt in anheimelndem Thüringisch: Dies ist die ehemalige Suite des Staatsratsvorsitzenden. So genannt, weil Genosse Walter ... weil Ulbricht, wollte ich sagen, das Goethe-Hotel damals eingeweiht und mit seiner Frau diese Suite bewohnte die erste Nacht. Deshalb auch noch das Lenin-Bild.

DREPPER, geht auf das Bild zu: Vom Sitte oder vom Heisig? Verwechsle die immer.

BESCHLIESSERIN: Von Sitte, glaube ich oder ... den Sie kennen werden, weil er Ihren Bundeskanzler Schmidt malte.

EVA: Kann man das Bild jetzt kaufen ... Ich vermute, Sie entfernen das ebenso wie – leider – die ausgezeichnete Soljanka von Ihrer Speisekarte? Ich habe nie eine bessere Suppe gegessen. Warum ist die gestrichen von der Karte?

BESCHLIESSERIN: Ja – der Chef meinte wohl, russische Suppen, die würden jetzt noch unangenehmer auffallen als russische Gefallenen-Denkmäler.

DREPPER, sarkastisch: Dann nennt doch die Suppe nach dem Hotel, schreibt doch ›Goethe-Suppe‹ auf eure Karte! Wem gehört denn jetzt dieses Hotel?

BESCHLIESSERIN, *lacht:* Uns. Uns, haben wir gedacht, weil's uns so weisgemacht wurde. Das ist ein Jahr her. Inzwischen wissen wir nur noch, dass die *Frankfurter Allgemeine* ebenso lügt wie früher das *Neue Deutschland.*

DREPPER: Ach, Sie lesen die *FAZ?*

BESCHLIESSERIN: Schon seit einem Jahr nicht mehr. Nach der Wende war sie unser Evangelium – vor allem am 16. März vorigen Jahres; wir haben damals diesen Artikel fotokopiert für die ganze ·Belegschaft, weil wir im Ernst fest geglaubt haben, das Staatseigentum der DDR werde nun wirklich unser Volkseigentum! Und folglich würden auch wir Mitarbeiter Anteilscheine oder Aktien des Goethe-Hotels erhalten. Aber das ist nun die ›Wende‹: Der *FAZ* gehört das vornehmste Hotel Weimars, drüben der ›Russische Hof‹, und eine Zeitung und eine Druckerei, doch uns Bürgern von Weimar gehört kein Backstein an irgendeinem Betrieb!

DREPPER, *sarkastisch:* Wessis in Weimar!

# Die Version
# der Bundesregierung

Die gravierende Treuhandbilanz lautet: Die von ihr und ihren Nachfolgern weitgehend verschleierten oder geleugneten kriminellen Raubzüge werden sich nie mehr restlos aufklären lassen. Das gilt sowohl für die Methoden, als auch für die unermesslichen Summen, die angeblich für die »Rettung« der ostdeutschen Wirtschaft aufgebracht worden waren, tatsächlich aber auf den Konten altbundesdeutscher Konkurrenten verschwanden oder in den Kassen von Briefkastenfirmen, deren Besitzer nie gefunden wurden. Selbst Politiker, deren Anti-DDR-Haltung weithin bekannt war, versuchten nur selten, diese Tatsachen zu leugnen.

Für eine Ausnahme sorgte die Propagandaabteilung der Bundesregierung – offizielle Bezeichnung: »Bundeszentrale für politische Bildung (bpb)« – die 2001 zwei bei der BvS tätige Rechtsanwälte – Kai Renken (31) und Werner Jenke (42) – beauftragte, der »Wirtschaftskriminalität im Einigungsprozess« eine völlig neue Version zu verleihen.

Deren Kern lautete: »Spätestens mit dem Fall der Mauer am 9. November 1989 begann nicht nur der rasche Prozess der Wiedervereinigung der beiden deutschen Staaten, sondern auch der rasante Verfall staatlicher Autorität in der DDR, der eine ganz besondere Art der Wirtschaftskriminalität ermöglichte, die als so genannte ›Vereinigungskriminalität‹ ein wenig ruhmreiches Kapitel der deutschen Wiedervereinigung darstellt.«

Danach wären die beispiellosen Methoden der Konzernunternehmen oder der professionellen Betrüger, die sich mit Hilfe der Treuhand hemmungslos am DDR-Vermögen bereicherten, dem Verfall »staatlicher Autorität« in der DDR zuzuschreiben. Und diese These stammt von Rechtsanwälten, die wissen dürften, welche juristischen Folgen die Verbreitung derartiger Unwahrheiten im Dienste der Regierung in einem wirklichen Rechtsstaat haben muss. Erklären lässt sich dieser skandalöse Vorgang im Grunde nur damit, dass das Wirken der Treuhandanstalt von Beginn als »rechtsfreier« Raum galt. Diese Feststellung wurde durch die beispiellose Haltung der Bundesregierung, den führenden Mitarbeitern der Treuhand eine »Haftungsfreistellung im Fall grober Fahrlässigkeit« zuzusichern, erhärtet.

Dennoch: Ein gutes Jahrzehnt nach dem Beginn der Treuhanduntaten durch eine Instanz der Bundesregierung die Version verbreiten zu lassen, dass die Skandale letztlich der DDR zuzuschreiben waren, überschreitet alle Grenzen.

Immerhin konstatierten die beiden Juristen: »Beteiligt an dieser besonderen Form der Kriminalität waren jedoch nicht nur altgediente Träger des DDR-›Systems‹, die sich das durch den beginnnenden Zusammenbruch des Staates Ende 1989 entstehende Machtvakuum zu Nutze gemacht und ihre jeweiligen Insider-Kenntnisse zu ihrem Vorteil genutzt haben. Es waren vor allem ›Geschäftemacher‹ und ›Glücksritter‹ aus beiden Teilen Deutschlands, die in dieser Zeit ungeklärter Verhältnisse die Gunst der Stunde nutzten, sehr schnell zu sehr viel Geld zu kommen.«

Für den aussichtslosen Versuch, diese Version zu beweisen konstruierten sie ein Anonym-Beispiel: »Ein in der Presse häufig erwähnter Fall ist derjenige eines thüringischen Elektrotechnikers, der immerhin 40 Millionen DM durch Vorlage gefälschter Rechnungen erschlichen hat. Diese wollte er aber nicht selbst gefälscht, sondern von einem Bayern erhalten haben, der mit angeblichen Lieferungen von Benzin, Zigaretten und Reifen nach Ungarn schnellen Gewinn machen wollte. Der Thüringer hat im Rahmen seines Strafverfahrens behauptet, das gesamte umgerubelte Geld dem Bayern abgeliefert zu haben – er wurde im Jahre 1998 zu vier Jahren Haft verurteilt.« Als Quelle gab man den *Tagesspiegel* vom 30. September 1999 an.

Zitiert wurde auch eine Schätzung des Berliner Staatsanwalts a. D., Christof Schaefgen, wonach bundesweit rund 62.000 Ermittlungsverfahren gegen ca. 100.000 Personen eingeleitet worden waren, von denen bis 1999 180 zur

Anklage gebracht wurden und 128 zu rechtskräftigen Verurteilungen führten.

In dem unter dem Titel »Wirtschaftskriminalität im Einigungsprozess« überschriebenen und in der Rubrik »Aus Politik und Zeitgeschichte (832-33/2001) von der bpd verbreiteten Beitrag wurde eine der zwölf Seiten dem Ministerium für Staatssicherheit gewidmet, eine weitere Seite den ehemaligen Koko-Unternehmen, eine Seite der »Kriminalität im Bereich der Parteien und Massenorganisationen und eineinhalb Seiten eines Unterabschnitts der »'Treuhandkriminalität«.

Im Abschnitt über das MfS räumten die Autoren ein: »Nach Überprüfung von ca. fünfhunderttausend Buchungsvorgängen von MfS-Konten bei der Staatsbank und den MfS-Sparkassen konnten allerdings keine nennenswerten, insbesondere strafrechtlich relevanten Erkenntnisse gewonnen werden.«

Und dann kam man endlich zur Treuhandkriminalität und stellte fest: »Ein ebenso unrühmliches, aber in Anbetracht der Größe und Komplexität der zu bewältigenden Aufgabe wohl kaum zu vermeidendes Kapitel anlässlich der gesellschaftlichen und wirtschaftlichen Umwälzungen ist schließlich dasjenige der sogenannten Treuhandkriminalität. Hier waren es insbesondere in den Anfangsjahren 1990 bis 1992 fehlende Organisationsstrukturen und damit einhergehend fehlende effektive Kontrollmechanismen und -maßnahmen der Treuhandanstalt (THA), welche die ›Arbeit‹ der Täter erheblich begünstigten.«

Hier stieß man immerhin auf »fehlende Kontrollmechanismen [...] der Treuhand«, die schlicht deshalb fehlten, weil niemand an ernsthafter Kontrolle interessiert war.

Einziges Ziel der Treuhand war – wie hinreichend bewiesen – die Ausplünderung der DDR-Wirtschaft.

Die BvS-Juristen räumten ein: »Häufig sind auch die bereits erwähnten Fälle von Bilanzfälschung und Unterwertverkauf, vor allem im Zusammenhang mit nicht betriebsnotwendigen Grundstücken; eine besondere Rolle spielte hierbei auch die Ausnutzung von Insider-Wissen. In einigen Fällen kam es auch zur späteren, von vornherein geplanten systematischen Aushöhlung der übernommenen Unternehmen durch die ›Investoren‹.« Die Formulierung »in einigen Fällen« sei es zu »Aushöhlung« gekommen ist in diesem Zusammenhang auch als

Verstoß gegen den §ß 824 BGB zu bewerten: »Wer der Wahrheit zuwider eine Tatsache behauptet oder verbreitet, die geeignet ist, den Kredit eines anderen zu gefährden oder sonstige Nachteile für dessen Erwerb oder Fortkommen herbeizuführen, hat dem anderen den daraus entstehenden Schaden auch dann zu ersetzen, wenn er die Unwahrheit zwar nicht kennt, aber kennen muss.«

Und dann erinnerten sich die Anwälte plötzlich: »Besonders bedauerlich – weil besonders einfach vermeidbar – sind Fälle mangelnder Überprüfung der Handelspartner der THA, insbesondere in Bezug auf deren Bonität, was manches Mal zu bösen Überraschungen führte.« Diesem »Geständnis« folgte ein halbes Dementi: »Trotzdem sei nochmals darauf hingewiesen, dass sich im Verhältnis zu Größe und Komplexität der bis heute einmalig gebliebenen Aufgabenstellung der Treuhandanstalt der Umfang der Treuhandkriminalität in einem überschaubaren Rahmen hält. Angesichts der Krassheit mancher Einzelfälle wird und wurde dies schnell und gerne übersehen. Auch liegt eine Ursache manchen Betruges gegenüber der THA sicher in dem Umstand begründet, dass sich die Treuhandanstalt im Regelfall am Ertrags- und nicht am Substanzwert der von ihr zu privatisierenden Unternehmen orientierte. Dieser wiederum war oftmals sehr gering, weil die Unternehmen keine Chance hatten, im Wettbewerb zu bestehen, wenn nicht ein Investor erhebliche Umstrukturierungen vornehmen würde. Dazu war aber regelmäßig der kostenintensive Abbau von Arbeitsplätzen und der ebenso kostenintensive Austausch veralteter Produktionsanlagen notwendig. Daher kam es mehrfach zu sogenannten ›1-DM-Verkäufen‹, die nicht nur Investoren anlockten, die diese Bezeichnung auch wirklich verdienten.«

Eine Unwahrheit mehr.

Als die Welt 2008 in die Finanzkrise geriet, brauchte die Bundesregierung faktisch nur Stunden, um eine über die Maßen aufwändige Rettungsaktion – als erstes für die Banken und die Auto-Industrie – in Gang zu setzen. Als sich durch die Über-Nacht-Aufwertung Schwierigkeiten für die DDR-Wirtschaft abgezeichnet hatten, dachte niemand daran, ein konstruktives Programm zu realisieren, das eine Begegnung der Probleme ermöglicht hätte. Die pausenlos wiederholte These, die DDR hätte den wirtschaftlichen Kollaps selbst verursacht, musste allen, die sich an der DDR-Wirtschaft bereichern wollten, als Aufforderung zum Handeln erscheinen.

Um ihre Behauptungen zu stützen, wählten die Autoren ein Randbeispiel und erhoben es zum »vielleicht größten Einzelfall und zugleich besonders herausragenden Beispiel für eine perfekte Mischung aus Gerissenheit und einem Höchstmaß an krimineller Energie auf der einen Seite und fehlender Kontroll- bzw. Warnmechanismen auf der anderen Seite«.

Sie hatten sich unter den hunderten den Fall der Wärmeanlagenbau Berlin GmbH (WBB) ausgesucht und so beschrieben: »Anfang 1991 interessierte sich die Deutsche Babcock AG für den einstigen DDR-Monopolisten für Heizkraftwerke und Fernwärmeleitungen. Sie schickte daher ihren damaligen Prokuristen, Michael Rottmann, nach Berlin, um die Situation der WBB zu analysieren. Dort angekommen, verbündete sich Rottmann mit den beiden WBB-Geschäftsführern sowie zwei Schweizer Staatsbürgern und malte die wirtschaftliche Situation der WBB so schwarz, dass Babcock das Interesse verlor. Gleichzeitig präsentierte er der Treuhandanstalt einen angeblich solventen Käufer in Gestalt des Schweizer Unternehmens Chematec, welches wohl damals schon hoch verschuldet war und schließlich für zwei Millionen DM die WBB erwarb. Dabei übte sie aber nur eine Strohmannfunktion für Rottmann und seine Mittäter aus.

Zum damaligen Zeitpunkt belief sich der tatsächliche Wert der WBB nach Schätzungen auf rund 68 Millionen DM, wobei die WBB über liquide Mittel in Höhe von rund 150 Millionen DM sowie etliche lukrative Grundstücke verfügte. Bereits unmittelbar nach dem Kauf wechselte Rottmann in die Geschäftsführung der WBB und begann zusammen mit seinen Komplizen, die Guthaben über ein undurchsichtiges Firmengeflecht auf andere Konten zu transferieren, Grundstücke zu veräußern und Hypotheken aufzunehmen. Auf diese Weise sollen Rottmann und Komplizen der WBB insgesamt rund 150 Millionen DM entzogen haben; übrig blieb hingegen ein Schuldenberg in Höhe von 100 Millionen DM. Aber auch Rottmann werden die ›abgezweigten‹ Gelder auf absehbare Zeit wohl nichts mehr nützen. Nach seiner Flucht im Jahre 1995 wurde er im September 2000 in der Nähe von London verhaftet; nach seiner Überstellung in die Bundesrepublik wartet der Prozess vor dem Landgericht Berlin auf ihn.«

So meinten die Anwälte im Jahr 2001. Inzwischen sind acht Jahre vergangen und niemand hat etwas von einem solchen Prozess gehört. Die einzige Kunde blieb, dass in einem Zürcher Firmenregister ein deutscher Staatsangehöriger in den Vorstand einer Werbeagentur aufgenommen wurde. Es könnte sich um eine Namensverwechslung handeln, aber das würde die »Anklage« der beiden BvS-Anwälte nicht erhärten.

Sie verwiesen übrigens auch noch auf den »Fall Leuna [...], also den Verkauf der ostdeutschen Leuna-Raffinerie an den französischen Konzern Elf-Aquitaine im Jahre 1992 und die damit verbundenen Vorwürfe insbesondere der Bestechung /Bestechlichkeit bis hinein in höchste Staatsämter. Da aber bis zum heutigen Tage keine abschließende (straf-)rechtliche Bewertung der näheren und weiteren Umstände des Verkaufes vorliegt, im Gegenteil immer noch ermittelt wird, muss zum jetzigen Zeitpunkt an dieser Stelle auf eine nähere Betrachtung verzichtet werden.«

Auch daran hat sich bis heute wenig geändert.

Und so könnten Historiker bei künftigen Nachforschungen über die Rolle der Treuhand, leicht einen Notausgang finden, in dem sie auf die von einer Instanz der Bundesregierung der Bundesrepublik Deutschland publizierten Arbeit zweier Treuhand-Anwälte verweisen.

Denn die Regierung hat immer Recht!

# Bildnachweis

Bildarchiv *Berliner Linke*. Die Wochenzeitung unter dem Dach des Verlages edition ost existierte von 1990 bis 1996. Die dort namentlich gezeichneten Fotos stammen von Christian Bach (S. 48), Deutscher (S. 68, 127, 128, 158), Klare (S. 21), Henrik Pohl (S. 8, 52, 61, 175), Heinz Schmidt (S. 118), Bodo Troschke (S. 38, 39, 133, 134, 176).
Nicht in allen Fällen konnten die Rechtsinhaber ermittelt werden. Berechtigte Honoraransprüche bleiben gewahrt.

ISBN 978-3-360-01808-3

© 2009 edition ost im Verlag Das Neue Berlin
2. Auflage Juli 2009
Umschlaggestaltung: www.buchgut.com, Berlin
unter Verwendung eines Fotos von picture-alliance/Zentralbild
Druck und Bindung: CPI Moravia Books GmbH

Ein Verlagsverzeichnis schicken wir Ihnen gern:
Das Neue Berlin Verlagsgesellschaft mbH
Neue Grünstr. 18, 10179 Berlin
Tel. 01805/30 99 99
(0,14 Euro/min. aus dem deutschen Festnetz,
abweichende Preise für Mobilfunkteilnehmer)

Die Bücher der edition ost und des Verlages Das Neue Berlin
erscheinen in der Eulenspiegel Verlagsgruppe.

*www.edition-ost.de*